W0345962

Die Eigentümerversammlung
Wo, wann und wie?

Volker Bielefeld

Die Eigentümerversammlung Wo, wann und wie?

Praktischer Ratgeber für Wohnungseigentümer, Beiräte und Verwalter zur erfolgreichen Durchführung von Eigentümerversammlungen mit Erklärungen, Tipps, Mustern und rechtlichen Darstellungen

3. Auflage

Herausgeber
Groh | Tihor | WVI Wissenschaftsverein Immobilienwirtschaft e.V.

Grabener

Bibliografische Information der Deutschen Bibliothek
Die Deutsche Nationalbibliothek verzeichnet diese Publikation in der Deutschen Nationalbibliografie; detaillierte bibliografische Daten sind im Internet über http://dnb.d-nb.de abrufbar.

Fachverlag der Immobilienwirtschaft
Stresemannplatz 4 | 24103 Kiel
Telefon 0431 560 1 560 | Fax: 0431 560 1 580
E-Mail: info@grabener-verlag.de
www.grabener-verlag.de

Autor: Dipl.-Volkswirt Volker Bielefeld
Vorwort: Dipl.-Ing. Architekt Univ. Michael Groh | Dipl.-Jur. Univ. Paul Tihor
Herausgeber: Dipl.-Ing. Architekt Univ. Michael Groh | Dipl.-Jur. Univ. Paul Tihor
WVI Wissenschaftsverein Immobilienwirtschaft e.V
Umschlaggestaltung: Astrid Grabener
Layout: Astrid Grabener
Satz: Petra Matzen

3. Auflage 2017
Preis: 21,00 Euro [D]
ISBN 978-3-925573-750

Bücher haben feste Preise.

Inhaltsverzeichnis

Vorwort

Dipl.-Ing. Architekt Univ.
Michael Groh

Dipl.-Jur. Univ.
Paul Tihor

In den vergangenen Jahren wurde die Anzahl der Titel im Bereich Fachliteratur für die Immobilienwirtschaft kleiner. Dafür gibt es unterschiedliche Gründe: Die Produktion kleiner Auflagen ist teuer, und das Internet ist ein mächtiger Mitbewerber. Zwar erscheinen immer noch relativ viele sogenannte Fachbücher, doch diese wirken oft allzu salopp recherchiert. Fundierte Fachbücher werden dagegen immer seltener. Dem wirklich interessierten Leser bleibt oft nur die Wahl zwischen trocken formulierten und schwer lesbaren Werken oder aber leichter Lektüre mit magerem Inhalt.

Das ist bei diesem Buch anders. Das Ziel war von Anfang an die Verknüpfung eines lehrreichen mit einem praxisorientierten, lesefreundlichen Textes, der den Leser anspricht und umfassend informiert. Auf dieser doppelten Grundlage ist eine Darstellung mit hohem Anspruch an Inhalt und Form gelungen.

Der Autor hat mit dem vorliegenden Werk ein im klassischen Sinne lebendiges Buch geschrieben, das sich sowohl an den unkundigen Leser wendet, der sich einen schnellen und weitreichenden Einblick in die Materie verschaffen möchte, als auch an den Profi, der seine Kenntnisse auffrischen bzw. Wissenslücken schließen will.

Als Herausgeber dieses Werkes danken wir allen Mitwirkenden für ihre hervorragende Arbeit, in erster Linie dem Autor Dipl.-Volkswirt Volker Bielefeld und dem Verlagsleiter Henning J. Grabener.

Die Herausgeber

Dipl.-Ing. Michael Groh
Dipl.-Jur. Paul Tihor

WVI Wissenschaftsverein
Immobilienwirtschaft e.V.

Wissenschaftsverein
IMMOBILIENWIRTSCHAFT

Vorbemerkung

Die Verwaltung des gemeinschaftlichen Eigentums obliegt nach den Vorschriften des § 20 Abs. 1 WEG

- den Wohnungseigentümern nach Maßgabe der §§ 21 bis 25 WEG,
- dem Verwalter nach Maßgabe der §§ 26 bis 28 WEG und
- dem Verwaltungsbeirat, sofern ein solcher bestellt ist, nach Maßgabe des § 29 WEG.

Die danach den Wohnungseigentümern zustehende Verwaltung des gemeinschaftlichen Eigentums obliegt allen Wohnungseigentümern gemäß § 21 Abs. 1 WEG gemeinschaftlich, soweit nicht durch das Wohnungseigentumsgesetz selbst oder durch eine Vereinbarung gemäß § 10 Abs. 2 Satz 2 WEG etwas anderes geregelt ist.

Das bedeutet zunächst, dass nach dieser Vorschrift auch für Maßnahmen der Verwaltung die Zustimmung aller Wohnungseigentümer erforderlich ist.

Ist die Verwaltung des gemeinschaftlichen Eigentums nicht durch eine Vereinbarung der Wohnungseigentümer nach § 10 Abs. 2 Satz 2 WEG geregelt, können die Wohnungseigentümer jedoch gemäß § 21 Abs. 3 WEG „eine der Beschaffenheit des gemeinschaftlichen Eigentums entsprechende ordnungsmäßige Verwaltung durch Stimmenmehrheit beschließen".

Auch jeder einzelne Wohnungseigentümer kann gemäß § 21 Abs. 4 WEG eine Verwaltung verlangen, die den Vereinbarungen und Beschlüssen und, soweit solche nicht bestehen, dem Interesse der Gesamtheit der Wohnungseigentümer nach billigem Ermessen entspricht. Diesen Anspruch kann der Wohnungseigentümer erforderlichenfalls auch gerichtlich durchsetzen.

Einen – allerdings nicht abschließenden – Katalog dieser ordnungsmäßigen Verwaltungsmaßnahmen enthält die Vorschriften des § 21 Abs. 5 und 7 WEG.

Dazu gehören u.a. die Aufstellung einer Hausordnung, die ordnungsmäßige Instandhaltung und Instandsetzungen des gemeinschaftlichen Eigentums und die Ansammlung einer angemessenen Instandhaltungsrückstellung.

Zu den Maßnahmen ordnungsmäßiger Verwaltung zählen weiter die Bestellung und die Abberufung des Verwalters und des Verwaltungsbeirates gemäß §§ 26 und 29 WEG, sowie gemäß § 28 WEG die Beschlussfassung über die Gesamt- und Einzelwirtschaftspläne, die Jahresgesamt- und Einzelabrechnungen sowie über die Rechnungslegung.
Zu den Angelegenheiten, über die die Wohnungseigentümer im Übrigen durch

Beschluss zu entscheiden haben, gehören

- die Regelungen des ordnungsmäßigen Gebrauchs von Sonder- und Gemeinschaftseigentum gemäß § 15 Abs. 2 WEG, sofern nicht eine Vereinbarung nach § 15 Abs. 1 WEG entgegensteht,
- sowie die Beschlussfassung über die Entziehung des Wohnungseigentums gemäß § 18 Abs. 3 WEG, vorausgesetzt, dass mehr als die Hälfte aller stimmberechtigten Eigentümer dem Beschluss zustimmt.

Bei der Beschlussfassung über die Verwaltung des gemeinschaftlichen Eigentums ist dabei im konkreten zu unterscheiden zwischen

- mehrheitlich zu beschließenden Maßnahmen der ordnungsmäßigen Verwaltung (insbesondere Maßnahmen gemäß § 21 Abs. 5 und 7 WEG),
- nur einstimmig (allstimmig) zu beschließenden Maßnahmen, die über die ordnungsmäßige Verwaltung hinausgehen bzw. von denen alle Wohnungseigentümer nachteilig betroffen sind (insbesondere Maßnahmen gemäß § 22 Abs. 1 WEG).

Von den Beschlussfassungen zu Verwaltungsmaßnahmen im Sinne dieser Vorschriften und ihrer rechtlichen Bedeutung und Wirkung sind grundsätzlich Vereinbarungen gemäß § 10 Abs. 2 und 3 WEG zu unterscheiden. Mit ihnen regeln die Wohnungseigentümer ihr Verhältnis untereinander abweichend oder ergänzend zu den Bestimmungen des Wohnungseigentumsgesetzes. Vereinbarungen bedürfen immer der Zustimmung aller Eigentümer und der Eintragung in das Grundbuch.

In diesen Vereinbarungen kann aber auch geregelt werden, dass von den gesetzlichen Bestimmungen unter bestimmten Voraussetzungen nicht nur durch eine Vereinbarung, sondern durch Beschlussfassung, im Regelfall durch qualifizierten Mehrheitsbeschluss, abgewichen werden kann. Diese Regelungen werden als Öffnungsklausel bezeichnet.

Durch die am 1. Juli 2007 in Kraft getretene WEG-Reform sind im Übrigen die Beschlusskompetenzen durch gesetzliche Regelung dahingehend erweitert worden, dass in bestimmten Fällen auch durch Beschluss von gesetzlichen Bestimmungen oder Vereinbarungen abgewichen werden kann.

Dies betrifft einerseits Beschlussfassungen zur Änderung der Kostenverteilung gemäß § 16 Abs. 3 WEG (Betriebs- und Verwaltungskosten) und § 16 Abs. 4 WEG (Instandhaltungs- und Instandsetzungskosten und Kosten bei baulichen Veränderungen und Modernisierungsmaßnahmen), andererseits Beschlussfassungen zu Modernisierungsmaßnahmen gemäß § 22 Abs. 2 WEG.

1. Die Wohnungseigentümerversammlung als Beschlussorgan

Gemäß § 23 Abs. 1 WEG werden Angelegenheiten, über die nach dem Gesetz oder davon abweichend getroffenen Vereinbarungen bzw. Regelungen in der Teilungserklärung bzw. der Gemeinschaftsordnung die Wohnungseigentümer durch Beschluss entscheiden können, durch Beschlussfassung in einer Wohnungseigentümerversammlung geordnet.

Außerhalb der Wohnungseigentümerversammlung können Verwaltungsangelegenheiten der Wohnungseigentümer auch im Beschlusswege geregelt werden, allerdings nur in Form einer schriftlichen Zustimmung.

Erforderlich ist dazu gemäß § 23 Abs. 3 WEG die Zustimmung aller Wohnungseigentümer, wobei die Zustimmungserklärung gemäß § 126 BGB von den Eigentümern eigenhändig zu unterzeichnen ist. Eine Zustimmungserklärung per Telefax reicht nicht aus [1].

Die Vorschrift über die schriftliche Beschlussfassung ist nach vorherrschender Meinung unabdingbar, das bedeutet, dass auch durch eine Vereinbarung von dieser gesetzlichen Bestimmung nicht abgewichen werden kann [2].

1 vgl. dazu auch Kümmel in Niedenführ/Kümmel/Vandenhouten, WEG, § 23 Rz. 72, m.w.N.; a.A. AG Hamburg-Barmbek, 16.3.2007, 881 II 34/06, ZMR 2009, 406

2 vgl. dazu Kümmel, a.a.O., § 23 Rz. 4, m.w.N.

2. Die Beschlusskompetenz der Wohnungseigentümerversammlung

Aus den Bestimmungen über die Beschlussfassung in Verwaltungsangelegenheiten ergeben sich vom Grundsatz her bereits Art, Inhalt und Umfang der Beschlusskompetenz.

Die Beschlusskompetenz der Wohnungseigentümer in der Wohnungseigentümerversammlung erstreckt sich aber ausschließlich nur auf Verwaltungsangelegenheiten im Sinne der ordnungsmäßigen Verwaltung, die nach den gesetzlichen Bestimmungen einer Beschlussfassung zugänglich sind.

Deshalb können die Wohnungseigentümer nicht über Angelegenheiten beschließen, die das sachenrechtliche Grundverhältnis betreffen, so beispielsweise die Umwandlung von Gemeinschaftseigentum in Sondereigentum oder umgekehrt [3]. Das gleiche gilt bei Eingriffen in das Sondereigentum, es sei denn, es handelt sich um Gebrauchsregelungen gemäß § 15 Abs. 2 WEG.

Ebenso ist auch eine Änderung der Miteigentumsanteile der Beschlusskompetenz der Wohnungseigentümergemeinschaft entzogen [4].

In diesen Fällen reicht auch eine Vereinbarung gemäß § 10 Abs. 2 und 3 WEG nicht aus. Vielmehr bedarf es hierfür gemäß § 4 Abs. 1 und 2 WEG der Einigung in der Form der Auflassung und der Eintragung in das Grundbuch.

Als weitere Regelungsinhalte, für die der Wohnungseigentümerversammlung die Beschlusskompetenz fehlt, gelten die zwingenden gesetzlichen Bestimmungen des Wohnungseigentumseigentumsgesetzes, so u.a. die Änderung der Kostenverteilung gemäß § 16 Abs. 3 und 4 WEG, die Verwalterbestellung und Verwalterabberufung gemäß § 26 WEG, aber auch die Rechte und Pflichten des Verwalters gemäß § 27 Abs. 1 bis 3 WEG.

3 KG Berlin, 2.7.2015, 1 W 558/14, IMR 2015, 470=GE 2015, 1467

4 BGH, 20.9.2000, V ZB 58/98, DWE 2000, 113=ZWE 2000, 518

3. Wer beruft die Wohnungseigentümerversammlung ein ?

Auch wenn die Einberufung im Regelfall durch den Verwalter erfolgt, sieht das Gesetz auch andere Möglichkeiten der Einberufung vor.

3.1 Einberufung durch den Verwalter

Die Wohnungseigentümerversammlung wird gemäß § 24 Abs. 1 WEG mindestens einmal im Jahr vom Verwalter einberufen. Die Einberufung dieser Versammlung gehört zu den so genannten „Kardinalspflichten" des Verwalters. Deshalb kann er für diese Tätigkeit auch keine besondere Vergütung verlangen.

Für weitere zusätzliche Versammlungen kann jedoch im Verwaltungsvertrag eine zusätzliche Vergütung vereinbart werden, es sei denn, dass sie aufgrund eines Verschuldens des Verwalters einzuberufen sind.

Kosten für die Vorbereitung und Durchführung der Wohnungseigentümerversammlung, für die Herstellung und den Versand der Versammlungsunterlagen gelten als Teil der Verwaltervergütung und sind mit ihr abgegolten. Notwendige Aufwendungen für den Versammlungsraum (Saalmiete) gehören dagegen zu den Kosten der sonstigen Verwaltung, die von den Wohnungseigentümern gemäß § 16 Abs. 2 WEG neben der Verwaltervergütung zu tragen sind.

Die Festlegung des Zeitpunktes, des Ortes der Versammlung und der Tagesordnung obliegt dem Verwalter nach pflichtgemäßem Ermessen. Sinnvoll erscheint jedoch insbesondere hinsichtlich der Terminierung und der Aufstellung der Tagesordnung eine Abstimmung mit dem Verwaltungsbeirat.

Nach inzwischen herrschender Rechtsmeinung soll die Versammlung spätestens ein halbes Jahr nach Ablauf des Kalender- bzw. Wirtschaftsjahres erfolgen [5].

Darüber hinaus hat der Verwalter gemäß § 24 Abs. 2 WEG eine Versammlung dann einzuberufen, wenn

- eine Vereinbarung die Einberufung einer Versammlung für bestimmte Fälle vorsieht oder

5 vgl. dazu BayObLG, 15.3.1990, 2 Z 18/90, dort zur Vorlage von Wirtschaftsplan und Jahresabrechnung „in den ersten Monaten" des Jahres, NJW-RR 1990, 659

- mehr als ein Viertel der Wohnungseigentümer, gemessen an der Kopfzahl, schriftlich unter Angabe des Zweckes und der Gründe die Einberufung einer Versammlung verlangt.

Bei dem Minderheitenrecht auf Einberufung einer Versammlung handelt es sich um eine unabdingbare Vorschrift, von der folglich auch durch Vereinbarung nicht abgewichen werden kann [6]. Das bedeutet, dass das Minderheitenquorum von mehr als einem Viertel der Wohnungseigentümer auch dann nach der Kopfzahl zu berechnen ist, wenn gemäß Gemeinschaftsordnung oder Teilungserklärung das Stimmrecht abweichend nach Miteigentumsanteile oder nach der Zahl der Wohneinheiten geregelt ist [7].

Das Verlangen nach Einberufung einer Versammlung muss schriftlich erklärt werden, dass heißt es ist von den betreffenden Eigentümern eigenhändig zu unterzeichnen. Dabei genügt es, wenn die betreffenden Eigentümer unabhängig voneinander, aber mit gleicher Tagesordnung die Einberufung einer außerordentlichen Versammlung verlangen [8]. Dazu müssen zusätzlich Zweck und Gründe angeführt werden, ohne dass eine genaue Formulierung der Beschlussanträge erforderlich ist. Allerdings muss deutlich gemacht werden, weshalb mit einer Beschlussfassung nicht bis zur nächsten Wohnungseigentümerversammlung gewartet werden kann.

Kommt der Verwalter in einem solchen Fall seiner Einberufungspflicht nicht nach, kann dies einen wichtigen Grund darstellen, ihn mit sofortiger Wirkung aus seinem Amt abzuberufen [9].

Andererseits hat auch der Verwalter das Recht, gegebenenfalls sogar die Pflicht, eine außerordentliche Versammlung dann einzuberufen, wenn dies im Sinne und im Interesse einer ordnungsmäßigen Verwaltung des gemeinschaftlichen Eigentums erforderlich ist. Beruft er jedoch eine außerordentliche Versammlung ohne hinreichenden Grund ein, hat er gegebenenfalls die dadurch entstehenden zusätzlichen Kosten selbst zu tragen [10].

Das grundsätzliche Recht des Verwalters, die Wohnungseigentümerversammlung einzuberufen, schließt auch das Recht ein, in begründeten Fällen eine bereits einberufene Versammlung abzusagen und auf einen anderen Termin zu verschieben. Darin darf allerdings keine grundsätzliche Weigerung zur Durchführung einer Versammlung liegen [11].

---

6 BayObLG, 5.10.1972, 2 Z 54/72, NJW 1973,151
7 OLG Hamm, 15 W 34/73, NJW 1973, 2300
8 BayObLG, 1 b Z 25/89, WuM 1990, 464
9 vgl. hierzu OLG Düsseldorf, 21.1.1998, 3 Wx 492/97, NZM 1998, 487 = ZMR 1998, 306
10 BayObLG, 4.11.1993, 2Z BR 89/93, WE 1994, 306 = ZMR 1994, 120
11 KG Berlin, 11.5.1988, 24 W 6454/87, DWE 1989, 39

Beruft der abberufene oder aus dem Amt geschiedene Verwalter – und damit ohne Befugnis – eine Versammlung ein, sind die auf dieser Versammlung gefassten Beschlüsse nicht nichtig, allerdings anfechtbar [12].

3.2 Einberufung durch den Verwaltungsbeirat

Für den Fall, dass kein Verwalter bestellt ist oder ein bestellter Verwalter sich pflichtwidrig weigert, die Wohnungseigentümerversammlung einzuberufen, ist der Vorsitzende des Verwaltungsbeirates, wenn ein solcher bestellt ist, oder dessen Stellvertreter gemäß § 24 Abs. 3 WEG berechtigt, die Wohnungseigentümerversammlung einzuberufen [13].

Es genügt in einem solchen Fall auch eine von allen Beiratsmitgliedern unterzeichnete Einladung, wenn ein Vorsitzender des Beirates nicht gewählt bzw. bestellt wurde [14]. Der Verwaltungsbeirat ist jedoch nicht verpflichtet, eine Wohnungseigentümerversammlung einzuberufen.

Voraussetzung für die Einberufung durch den Verwaltungsbeirat ist aber die pflichtwidrige Weigerung des Verwalters, die in entsprechendem Handeln bzw. Unterlassen zum Ausdruck gekommen sein muss.

So stellt die erklärte Bereitschaft des Verwalters, eine Versammlung erst zu einem späteren als dem von der Wohnungseigentümergemeinschaft geforderten Versammlungstermin einzuberufen, keine pflichtwidrige Weigerung dar [15], weil die Festlegung des Versammlungszeitpunktes grundsätzlich dem Verwalter obliegt. Insoweit ist ihm ein gewisser Ermessensspielraum zuzubilligen [16].

Der Verwalter ist jedoch nicht berechtigt, eine ordnungsmäßige Einladung des Vorsitzenden des Verwaltungsbeirates abzusagen, zu verschieben oder aufzulösen [17].

Da die Mitglieder des Verwaltungsbeirates ehrenamtlich tätig sind, haben sie grundsätzlich keinen Vergütungsanspruch für ihre Tätigkeit im Zusammenhang mit der Einberufung zur Wohnungseigentümerversammlung. Das schließt allerdings einen Aufwendungsersatzanspruch für entstandene Kosten und Auslagen nicht aus. Auch können die Wohnungseigentümer beschließen, dem Beirat für diese Tätigkeiten eine angemessene Aufwandsentschädigung zu zahlen.

12 OLG Zweibrücken, 16.12.2002, 3 W 202/02, DWE 2003, 32; LG München I, 30.7.2014, 36 T 14667/14
13 OLG Celle, 15.1.2002, 4 W 310/01; LG München I, 28.6.2012, 36 S 17241/11
14 OLG Zweibrücken, 11.2.1999, 3 W 255/98, NZM 1999, 858
15 OLG Düsseldorf, 25.8.2003, 3 Wx 217/02, NZM 2004, 110
16 BayObLG, 29.11.1990, 2 Z 72/90, DWE 1991, 104 = WE 1992, 51
17 OLG Celle, 15.1.2002, 4 W 310/01, ZWE 2002, 276

3.3 Einberufung durch Wohnungseigentümer

Da nicht in allen Wohnungseigentümergemeinschaften ein Verwaltungsbeirat bestellt ist, stellt sich bei Fehlen eines Verwalters oder bei dessen pflichtwidriger Weigerung, die Versammlung einzuberufen, die Frage, ob auch einem einzelnen Wohnungseigentümer in einem solchen Fall dieses Recht zusteht bzw. eingeräumt werden kann.

Dieses Recht spricht die Rechtsprechung dem einzelnen Wohnungseigentümer ab [18], es sei denn, dass die Teilungserklärung bzw. die Gemeinschaftsordnung eine entsprechende Regelung enthält.

Allerdings kann ein einzelner Wohnungseigentümer durch alle übrigen Wohnungseigentümer ermächtigt werden, eine Wohnungseigentümerversammlung mit bestimmten Tagesordnungspunkten einzuberufen [19]. Scheitert dieses Vorgehen am Widerstand einzelner Eigentümer, kann jeder Wohnungseigentümer in entsprechender Anwendung des § 37 Abs. 2 BGB zur Einberufung einer Versammlung gerichtlich ermächtigt werden [20].

Ohne gerichtliche Ermächtigung sind einzelne Wohnungseigentümer nicht zur Einberufung einer Versammlung befugt [21].

Ist allerdings ein Verwaltungsbeirat bestellt, muss dieser vorher vergeblich um Einberufung einer Versammlung aufgefordert worden sein [22]. Im Übrigen bleibt es dem einzelnen Wohnungseigentümer im Rahmen seines Anspruchs auf ordnungsmäßige Verwaltung gemäß § 43 Nr. 3 WEG überlassen, auch die Einberufung einer Wohnungseigentümerversammlung durch den Verwalter gerichtlich geltend machen, gegebenenfalls bei Dringlichkeit auch durch einstweilige Anordnung.

In Ausnahmefällen kann die Einladung auch mit Zustimmung aller Eigentümer erfolgen. Eine Absage oder eine Verlegung einer solchen einvernehmlich einberufenen Versammlung bedarf allerdings dann wiederum der allseitigen Zustimmung [23].

18 KG Berlin, 27.8.1986, 24 W 1747/86, NJW 1987, 386
19 Kümmel, a.a.O. § 24 Rz. 3
20 OLG Hamm, 20.11.1989, 15 W 308/89, WE 1993, 24; LG München I, 17.4.2013, 36 T 7524/13
21 BayObLG, 27.1.1970, 2 Z 22/69, m.w.N., BayObLGZ 1970, 1136 = MDR 1970, 507
22 OLG Hamm, 9.10.1985, 15 W 95/85, DWE 19986, 31; LG Berlin, 13.2.1990, 85 T 4/90, BlnGrdE 1990, 879
23 BGH, 10.6.2011, V ZR 222/10

3.4 Rechtsfolgen bei Einberufung durch Nichtberechtigte

Erfolgt die Einladung durch Nichtberechtigte, beispielsweise auch durch den abberufenen Verwalter, der den Beschluss über seine Abberufung angefochten hat, so sind dennoch die auf einer solchen unberechtigterweise einberufenen Versammlung gefassten Beschlüsse nach vorherrschender Rechtsmeinung nicht nichtig, sondern nur anfechtbar [24].

Für die Ungültigerklärung von Beschlüssen solcher Versammlungen kommt es darauf an, ob der Einberufungsmangel ursächlich für das Zustandekommen der Beschlüsse gewesen ist [25]. Kann dabei nicht ausgeschlossen werden, dass sich die fehlerhafte Einberufung auf das Beschlussergebnis ausgewirkt hat, sind die Beschlüsse auf Anfechtung hin für ungültig zu erklären [26].

Ein kausaler Zusammenhang ist in der Regel allerdings dann auszuschließen, wenn auch bei Anwesenheit des nichteingeladenen Wohnungseigentümers die Beschlussfassung nicht anders ausgefallen wäre [27].

Ein Mangel der Einberufung zur Wohnungseigentümerversammlung steht jedenfalls der Wirksamkeit einer in dieser Versammlung gefassten Beschlusses grundsätzlich nicht entgegen, wenn nach dem Abstimmungsergebnis auszuschließen ist, dass der Beschluss bei ordnungsmäßiger Einladung anders ausgefallen wäre [28].

Grundsätzlich kann auch bei spontanen Zusammenkünften der Eigentümer eine wirksame Beschlussfassung erfolgen, wenn alle Eigentümer anwesend sind und die Zusammenkunft auch von allen Eigentümern als Wohnungseigentümerversammlung verstanden wird [29].

24 BayObLG, 13.12.2001, 2Z BR 93/01, n.v.
25 u.a. BayObLG, 2.4.1992, 2Z BR 4/92, NJW-RR 1992, 910 = WuM 1992, 331
26 BayObLG, 2Z BR 113/04, NZM 2005, 307; OLG Hamm, 15 W 138/96, ZMR 1997, 49 zur Einberufung durch nicht berechtigten Eigentümer; BayObLG, 2Z BR 161/01, ZMR 2002, 532, zur Einberufung durch den faktischen Verwalter
27 BayObLG, 2Z BR 161/01, ZMR 2002, 532; KG Berlin, 24 W 6566/95, ZMR 1997, 154
28 OLG Karlsruhe, 5.5.2000, 4 W 71/97, DWE 1998, 189 = NZM 1998, 768; vgl. auch BayObLG, 27.11.1997, 2Z BR 128/97, wonach Formfehler bei der Einberufung zu einer Wohnungseigentümerversammlung keine Nichtigkeit der dennoch in der Versammlung gefassten Beschlüse zur Folge haben, NZM 1998, 634 = WuM 1998, 241
29 OLG München, 24.7.2013, 27 U 152/12, IMR 2016, 291

4. Wer ist einzuladen?

Einzuladen sind alle im Grundbuch eingetragenen Wohnungs- und Teileigentümer. Ist eine Wohnungseigentümergemeinschaft noch nicht entstanden, ist also bisher nur der teilende Eigentümer bzw. der Bauträger als Eigentümer eingetragen, sind auch die Ersterwerber, für die nach Abschluss des Kaufvertrages eine Auflassungsvormerkung im Grundbuch eingetragen ist und denen der Besitz an der erworbenen Wohnung übergeben wurde, zur Wohnungseigentümerversammlung einzuladen. Es handelt sich insoweit um eine werdende Wohnungseigentümergemeinschaft [30].

Ist nach Eintragung eines zweiten Wohnungseigentümers bzw. weiterer Eigentümer die Wohnungseigentümergemeinschaft im Rechtssinne entstanden, also rechtlich in Vollzug gesetzt worden, sind die nach diesem Zeitpunkt in diese Gemeinschaft eintretenden Erwerber zur Versammlung allerdings erst dann einzuladen, wenn sie als Eigentümer in das Grundbuch eingetragen sind.

Steht das Wohnungseigentum mehreren Wohnungseigentümern zu, beispielsweise einer Erbengemeinschaft, sind grundsätzlich alle Mitberechtigten einzuladen. Bei juristischen Personen ist der gesetzliche Vertreter einzuladen. Neben dem Wohnungseigentümer sind einzuladen Zwangsverwalter und Insolvenzverwalter. Nießbraucher sind nicht einzuladen. Auch der abberufene Verwalter ist nicht einzuladen.

Wird ein Wohnungseigentümer nicht eingeladen und nimmt er deshalb an der Versammlung nicht teil, berührt dies die Wirksamkeit der Beschlüsse nicht. Die Beschlüsse sind nicht nichtig, können aber auf rechtzeitige Anfechtung hin zur Ungültigerklärung der in dieser Versammlung gefassten Beschlüsse führen, es sei denn, dass feststeht, dass sie bei ordnungsmäßiger Einladung ebenso gefasst worden wären [31].

So ist eine Nichteinladung grundsätzlich unschädlich, wenn die gefassten Beschlüsse den nichtgeladenen Wohnungseigentümern gegenüber nicht nachteilig sind [32].

Grundsätzlich nichtig sind dagegen Beschlüsse einer Versammlung, wenn einer der Eigentümer bewusst und gezielt nicht eingeladen und damit von der Versammlung ausgeschlossen wurde, ausgenommen bei irrtümlich unterlassener Einladung [33].

---

30 BGH, 5.6.2008, V ZB 85/07, NZM 2008, 805; vgl. auch BGH, 11.5.2012, V ZR 196/11; 11.12.2015, V ZR 80/15; dazu auch Elzer, ZMR 2009, 7, 9

31 BGH, 20.7.2012, V ZR 235/11; BayObLG, 30.4.1999, 2Z BR 175/98; vgl. zuletzt auch OLG Celle, 15.1.2002, 4 W 310/01 m.w.N.; OLG Hamm, 11.11.2008, 15 Wx 62/08, DWE 2009, 67

32 AG Karlsruhe-Durlach, 26.11.2008, 4 C 28/08, ZMR 2009, 410

33 LG Dortmund, 26.10.2015, 1 S 218/15, IMR 2016, 155; BGH, 20.7.2012, V ZR 235/11, DWE 2012, 148

Soweit im Falle des Eigentümerwechsels der neue Eigentümer gemäß vertraglicher Regelung im Kaufvertrag den noch eingetragenen Eigentümer in der Versammlung zu vertreten berechtigt sein soll, bedeutet dies nicht, dass der Verwalter deshalb auch verpflichtet ist, den Erwerber auch zur Versammlung einzuladen.

Bei solchen vertraglichen Regelungen ist im Übrigen vielmehr darauf zu achten, ob der Vertretung nicht eine Vertretungsbeschränkung in der Gemeinschaftsordnung entgegensteht und die zwischen Veräußerer und Erwerber getroffene Regelung deshalb ins Leere geht.

Ungeklärt ist derzeit noch die Frage, ob der Verwalter vor Versand der Einladungen zur Wohnungseigentümerversammlung verpflichtet ist, sich durch Einsichtnahme in das Grundbuch Gewissheit darüber zu verschaffen, wer aktuell Wohnungseigentümer und deshalb einzuladen ist.

Aus einem Eigentümerwechsel zwischen Einladung und Versammlungstermin kann allerdings ein neuer Wohnungseigentümer als Sondernachfolger einen Einladungsmangel hinsichtlich der Beschlussfassung nicht herleiten [34].

Um unnötige Streitigkeiten und Anfechtungsrisiken zu vermeiden, ist dem Verwalter jedoch grundsätzlich zu empfehlen, sich vor dem Versand der Einladungen eine aktuelle Liste der Eigentümer durch Grundbucheinsicht zu beschaffen.

Zur Vermeidung von Streitigkeiten darüber, wann eine Einladung zugegangen bzw. als wirksam zugestellt anzusehen ist, sollten entsprechende Zugangsregelungen getroffen werden.

Rechtswirksam kann gemäß § 10 Abs. 2 Satz 2 WEG vereinbart werden, dass die Einladung dann als zugegangen gilt, wenn sie an die letzte dem Verwalter genannte Adresse des Wohnungseigentümers gerichtet ist (Zugangsfiktion). Bei einer diesbezüglichen Vereinbarung wird auch im Falle einer Fristversäumung die Wiedereinsetzung in den vorigen Stand nicht ausgeschlossen, wenn es dem Wohnungseigentümer gelingt, glaubhaft zu machen, dass er die Einladung zu der Wohnungseigentümerversammlung nicht erhalten hat [35].

Wird allerdings die Zustellungsfiktion im Verwaltungsvertrag (nur) beschlossen, verstößt diese Regelung gegen die Vorschriften über die Allgemeinen Geschäftsbedingungen (§§ 305 ff., 308 BGB) [36].

---

34 KG Berlin, 8.1.1997, 24 5678/96, DWE 1997, 82 = ZMR 1997, 318

35 OLG Hamm, 11.11.2008, 15 Wx 62/08, DWE 2008, 67; LG Magdeburg, 26.8.1996, 3 T 481/96, Rpfleger 1997, 308

36 BayObLG, 2.8.1990, 2Z BR 40/90, WuM 1991, 312

Der Ausschluss bzw. die Nicht-Einladung einzelner Eigentümer, beispielsweise bei Beschlussfassungen in Mehrhaus-Anlagen, von denen nur die Eigentümer einzelner Häuser betroffen sind, ist nur dann zulässig, wenn die Beschlüsse tatsächlich nur die Angelegenheiten dieser Eigentümer (als Untergemeinschaft) betreffen [37]. Sind jedoch alle Eigentümer der Mehrhausanlage betroffen, sind stets auch alle Eigentümer einzuladen.

Ein von der Wohnungseigentümerversammlung abberufener Verwalter braucht zu einer nachfolgenden Versammlung, in der die Abberufung bestätigt werden soll, nicht eingeladen zu werden [38].

Grundsätzlich sind Wohnungseigentümer nicht verpflichtet, an Versammlungen teilzunehmen bzw. ihnen bis zum Schluss beizuwohnen [39]

Mieter von Eigentumswohnungen sind grundsätzlich wegen des Gebotes der Nicht-öffentlichkeit der Wohnungseigentümerversammlungen nicht berechtigt, an den Versammlungen teilzunehmen und sind folglich auch nicht einzuladen. Entsprechende Beschlüsse sind zwar nicht nichtig, widersprechen aber den Grundsätzen ordnungsmäßiger Verwaltung und sind bei Anfechtung für ungültig zu erklären [40].

Ein vom Wohnungseigentümer bevollmächtigter Mieter ist dagegen als dessen Vertreter zur Teilnahme und zur Ausübung des Stimmrechts teilnahmeberechtigt, sofern nicht Vertretungsbeschränkungen entgegenstehen. Ungeachtet dessen kann er aber nicht verlangen, eingeladen zu werden.

---

37 OLG München, 13.12.2006, 34 Wx 109/06, ZMR 2007, 391; AG Velbert, 20.2.2009, 18a C 88/08, ZMR 2009, 565

38 OLG Hamm, 15.1.1999, 15 W 444/97, NZM 1999, 229

39 AG Neumarkt, 20.8.2015, 4 C 5/14, IMR 2015, 508

40 AG Bochum, 30.10.2008, 94 C 26/08, ZMR 2009, 230

5. Form der Einladung, Frist, Versammlungsort, Zeitpunkt der Versammlung

Die Einberufung zur Wohnungseigentümerversammlung erfolgt unter Angabe von Ort, Zeitpunkt und Tagesordnung gemäß § 24 Abs. 4 Satz 1 WEG in Textform. Die persönliche Unterschrift des Verwalters ist deshalb nicht erforderlich. Die Einladung kann deshalb auch EDV-gefertigt oder in anderer vervielfältigter Form erfolgen. Als förmlich ausreichend ist es auch anzusehen, dass Eigentümer per Fax oder E-Mail eingeladen werden, wenn diese sich damit einverstanden erklären [41].

Die Frist der Einberufung soll, sofern nicht ein Fall besonderer Dringlichkeit vorliegt, gemäß § 24 Abs. 4 Satz 2 WEG mindestens zwei Wochen betragen. Diese Frist kann durch Vereinbarung gemäß § 10 Abs. 2 Satz 2 WEG verlängert werden. Entgegenstehende Regelungen im Verwaltungsvertrag sind nichtig [42].

Für die Einhaltung der Ladungsfrist kommt es auf das Versanddatum, nicht auf den tatsächlichen Zugang der Einladung bei den Eigentümern an [43].

Im Regelfall gilt die Nichteinhaltung der Ladungsfrist als formeller Mangel und zieht die Anfechtbarkeit und Ungültigerklärung der in einer Versammlung gefassten Beschlüsse nach sich. Eine Ungültigerklärung scheidet aber dann aus, wenn feststeht, dass der Beschluss auch bei ordnungsmäßiger Einladung so gefasst worden wäre [44].

Zum Versammlungsort und zum Zeitpunkt der Versammlung enthält das Wohnungseigentumsgesetz keine Bestimmungen.

Nach der herrschenden Rechtsprechung soll die Versammlung am Ort, und zwar grundsätzlich in der Nähe der Wohnungseigentumsanlage stattfinden [45]. Der Versammlungsort muss verkehrsüblich sein [46]. Es muss in jedem Fall ein räumlicher Bezug zum Ort der Wohnanlage gegeben sein. Das ist dann nicht mehr gegeben, wenn die Versammlung am Sitz der Verwaltung stattfinden soll, der 100 Kilometer vom Ort der Wohnanlage entfernt ist [47].

41 zur Einhaltung des Schriftformerfordernisses bei Einladung per E-Mail vgl. LG München I, 20.08.2015, 22 O 17570/14, ZMR 2015, 930

42 OLG Dresden, 30.10.2008, 3 W 0845/08, ZMR 2009, 301

43 LG Karlsruhe, 25.10.2013, 1 S 16/13; LG München I, 28.6.2012, 36 S 17241/11

44 BGH, 7.2.2002, V ZB 137/98; LG München I, 6.11.2014, 36 S 25536/13

45 zur Verkehrsüblichkeit des Ortes vgl. OLG Hamm, 12.12.2000, 15 W 109/00, FGPrax 2001, 64

46 OLG Hamm, Beschluss vom 12.12.2000, 15 W 109/00, a.a.O.

47 AG Strausberg, 11.3.2009,27 C 12/08, n.v.

Weil Wohnungseigentümerversammlungen grundsätzlich nicht öffentlich sind [48] und eine ungestörte Abhaltung unter Ausschluss Dritter gewährleistet sein muss, ist die Durchführung in einer Gaststätte dann nicht zulässig, wenn sich im Versammlungsraum auch Nichtwohnungseigentümer aufhalten können [49].

Da es im Übrigen aber an gesetzlichen Bestimmungen zum Ort der Durchführung einer Wohnungseigentümerversammlung fehlt, kann im konkreten Fall die Abhaltung einer Wohnungseigentümerversammlung auch in einer Waschküche zumutbar sein [50]. Unzumutbar ist aber eine Versammlung in der Wohnung des Verwalters oder in seinem Wohnwagen, wenn zwischen Wohnungseigentümern und Verwalter ein gespanntes Verhältnis herrscht [51].

Der Zeitpunkt soll ebenfalls verkehrsüblich und für alle Wohnungseigentümer zumutbar sein, insbesondere auch für berufstätige Wohnungseigentümer [52].

Als verkehrsüblich sind deshalb grundsätzlich Werktage anzusehen und ein Versammlungsbeginn am späten Nachmittag bzw. am frühen Abend. Rücksicht zu nehmen ist grundsätzlich auf die Reisezeit/Schulferien [53]. Im Übrigen sollte der Verwalter auch beachten, dass bestimmte langfristig terminierte Wochentage, wie beispielsweise für Fußballpokalspiele oder andere Großereignisse, das Interesse und die Bereitschaft zur Teilnahme an der Wohnungseigentümerversammlung beeinträchtigen und deshalb von vornherein die Beschlussfähigkeit in Frage stellen können.

Nach vorherrschender Auffassung zumutbar ist allerdings auch die Terminierung der Versammlung auf einen Sonntagvormittag, wenn sie unter Abwägung der Belange aller Wohnungseigentümer erfolgt [54], gegebenenfalls auch an einem Karfreitagnachmittag [55].

---

48 BGH, 29.1.1993, V ZB 24/92, DWE 1993, 65 = ZMR 1993, 287

49 vgl. dazu auch BGH, 29.1.1993, V ZB 24/92, a.a.O.; OLG Frankfurt, 7.4.1995, 20 W 16/95, FGPrax 1995, 147 = NJW 1995, 3395 = ZMR 1995, 326

50 OLG Düsseldorf, 1.3.1993, 3 Wx 512/92, WM 1993, 305

51 OLG Hamm, 12.12.2000, 15 W 109/00, FGPrax 2001, 64; AG Büdingen, 7.4.2014, 2 C 359/12, ZWE 2014, 284

52 vgl. zu weiteren Einzelfragen der Terminierung, insbesondere auch zur Berücksichtigung der Schulferien Gottschalg, NZM 2009, 529

53 LG Karlsruhe, 25.10.2013, 11 S 16/13

54 OLG Stuttgart, 18.12.1985, 8 W 338/85, NJW-RR 1986, 315

55 BayObLG, 25.6.1987, 2 Z 68/86, WE 1988, 32

6. Tagesordnung

Gemäß § 23 Abs. 2 WEG ist es zur Gültigkeit der Beschlüsse der Wohnungseigentümerversammlung erforderlich, dass der Beschlussgegenstand bei der Einberufung, also im Einladungsschreiben des Verwalters, hinreichend bestimmt bezeichnet ist. Der Wohnungseigentümer soll danach entscheiden können, ob seine Anwesenheit in der Versammlung – auch aus eigenem Interesse – erforderlich ist [56]. Entscheidend für die notwendigen Angaben in der Tagesordnung ist das Informationsbedürfnis des einzelnen Wohnungseigentümers.

So reicht es beispielsweise für den Fall der beabsichtigten Neubestellung des Verwaltungsbeirates aus, dies in der Tagesordnung mit der Bezeichnung „Der Beirat wird neu gewählt“ als Gegenstand der Beschlussfassung anzukündigen [57].

Grundsätzlich genügt jedoch nach allgemein herrschender Auffassung eine schlagwortartige Bezeichnung [58].

Unter dem Tagesordnungspunkt „Verschiedenes“ können zwar grundsätzlich auch Beschlüsse gefasst werden, jedoch darf es sich dabei nicht um wesentliche Entscheidungen, sondern nur um Angelegenheiten von untergeordneter Bedeutung handeln. Die unter dem Punkt „Verschiedenes“ gefassten Beschlüsse sind jedenfalls wegen Verstoßes gegen § 23 Abs. 2 WEG nicht nichtig, aber anfechtbar und werden im Zweifelsfalle wegen Formmangel für ungültig erklärt [59].

Die Aufstellung der Tagesordnung obliegt dem Verwalter. In der Praxis erfolgt diese Aufstellung sinnvollerweise in Abstimmung mit dem Verwaltungsbeirat, da dieser die konkrete Situation in den jeweiligen Anlagen im Regelfall besser kennt und deshalb auch beurteilen kann, ob und über welche Angelegenheiten zweckmäßigerweise Entscheidungen und folglich Beschlussfassungen außer den üblichen Verwaltungsangelegenheiten (Wirtschaftsplan, Jahresabrechnung) herbeigeführt werden müssen.

Eine besondere Rolle spielt in der Praxis immer wieder die Frage, ob dem Verwaltungsbeirat, einer Minderheit oder auch einem einzelnen Wohnungseigentümer ein Anspruch auf Aufnahme bestimmter Beschlussgegenstände in die Tagesordnung zusteht.

56 OLG Düsseldorf, 4.4.2001, 3 Wx 7/01, DWE 2001, 121 = FGPrax 2001, 146

57 vgl. dazu OLG München, 29.6.2005, 34 Wx 049/05, OLGReport München 2005, 606; OLG München, 31.7.2007, 34 Wx 69/07, ZMR 2007, 996

58 LG München I, 30.11.2015, 1 S 14998/14; BayObLG, 5.10.2000, 2Z BR 59/00, ZMR 2001, 54, 55

59 OLG Düsseldorf, 4.9.1996, 3 Wx 125/96, DWE 1996, 40 = ZMR 1997, 91; OLG München, 19.9.2005, 34 Wx 76/05, NZM 2005, 825

Ein solcher Anspruch wurde bereits bisher der Minderheit grundsätzlich im Rahmen des Minderheitenrechts gemäß § 24 Abs. 2 WEG (mehr als ein Viertel der Eigentümer nach Köpfen = Quorum) im Zusammenhang mit dem Recht auf Einberufung einer außerordentlichen Wohnungseigentümerversammlung zugebilligt.

Unabhängig von diesem Quorum kann jedoch auch ein einzelner Wohnungseigentümer die Aufnahme bestimmter Tagesordnungspunkte verlangen, wenn die Behandlung dieser Punkte ordnungsmäßiger Verwaltung entspricht [60]. Weigert sich der Verwalter in einem solchen Falle, kann der einzelne Wohnungseigentümer diesen Anspruch auch gemäß § 43 Nr. 3 WEG gerichtlich geltend machen [61].

Es muss vorher allerdings der vergebliche Versuch gemacht worden sein, über die betreffende Angelegenheit eine Beschlussfassung in der Wohnungseigentümerversammlung herbeizuführen.

Auch der Verwaltungsbeiratsvorsitzende kann im Falle pflichtwidriger Weigerung des Verwalters, bestimmte Tagesordnungspunkte aufnehmen, in entsprechender Anwendung seines Rechts zur Einberufung einer Wohnungseigentümerversammlung auch die Tagesordnung gestalten. Pflichtwidrig ist die Weigerung des Verwalters grundsätzlich dann, wenn es sich bei der Aufnahme bestimmter Tagesordnungspunkte um die Behandlung und Beschlussfassung über Angelegenheiten einer ordnungsmäßigen Verwaltung handelt [62].

---

60 LG Hamburg, 27.6.2012, 318 S 196/11, ZWE 2013, 135; LG München I, 30.8.2011, 36 T 6199/11, ZMR 2012, 135

61 zuletzt OLG Frankfurt, 18.8.2008, 20 W 426/05, NZM 2009, 34 = ZMR 2009, 133; OLGDüsseldorf, 6.7.1994, 3 Wx 456/92, DWE 1994, 142; BayObLG, 23.9.1988, 2 Z 97/87, BayObLGZ 1988, 287 = DNotZ 1989, 428; LG Bremen, 2.10.1997, 2 T 436/97

62 OLG Frankfurt, 18.8.2008, 20 W 426/05, NZM 2009, 34 = ZMR 2009, 133

7. Leitung der Wohnungseigentümerversammlung, Versammlungsvorsitz

Den Vorsitz in der Wohnungseigentümerversammlung führt gemäß § 24 Abs. 5 WEG der Verwalter, sofern die Versammlung nicht einen anderen Versammlungsvorsitzenden mehrheitlich wählt bzw. die Teilungserklärung, die Gemeinschaftsordnung oder eine mehrheitlich beschlossene Geschäftsordnung nicht ohnehin andere Regelungen vorsehen.

Soll ein anderer als der Verwalter die Versammlung leiten, braucht die Wahl des Versammlungsvorsitzenden deshalb nicht als Gegenstand der insoweit erforderlichen Beschlussfassung als Tagesordnungspunkt angegeben zu werden. Vielmehr kann dies auch im Rahmen eines Geschäftsordnungsantrages in der jeweiligen Versammlung beantragt und beschlossen werden. Die so beschlossene Wahl des Versammlungsvorsitzenden als rein organisatorische Beschlussregelung ist nicht selbständig anfechtbar [63].

Da Wohnungseigentümerversammlungen grundsätzlich nicht öffentlich sind und deshalb auch Nicht-Wohnungseigentümer nur in Ausnahmefällen Zutritt zu den Wohnungseigentümerversammlungen haben, darf die Versammlungsleitung aber nur in Ausnahmefällen, zum Beispiel bei Beratung schwieriger Rechtsfragen mit entsprechen den Beschlussfassungen, einem Dritten, insoweit möglicherweise einem Rechtsanwalt übertragen werden.

Soweit in der Rechtsprechung das OLG Schleswig zunächst die Auffassung vertreten hatte, dass der von der Wohnungseigentümerversammlung durch Mehrheitsbeschluss bestellte Verwalter auch stets den Versammlungsvorsitz zu führen habe und diese Funktion nicht einem Mitarbeiter der Verwaltung übertragen dürfe, hat dasselbe Oberlandesgericht in einer späteren Entscheidung die Auffassung insoweit nicht aufrechterhalten, als es die sofortige weitere Beschwerde gegen eine gegenteilige Entscheidung des LG Flensburg zurückgewiesen hatte [64].

Nach dieser Entscheidung erfolgt bei einer juristischen Person als Verwalter gemäß § 26 Abs. 1 WEG das rechtsgeschäftliche Handeln durch ihre vertretungsberechtigten Organe (nach § 5 Abs. 1 GmbH-Gesetz der Geschäftsführer) oder rechtsgeschäftlich bestellte Vertreter, etwa den Prokuristen (§§ 48 f. HGB).

---

63 BayObLG, 9.2.1965, 2 Z 276/64, NJW 1965, 821

64 LG Flensburg, 18.3.1998, 5 T 341/97, NZM 1998, 776;
OLG Schleswig, 29.6.1998, 2 W 62/98, DWE 1998, 128

Die Voraussetzungen der Stellvertretung nach § 164 f. BGB brauchen aber nicht in allen Angelegenheiten der Verwaltung des gemeinschaftlichen Eigentums vorzuliegen, jedenfalls nicht hinsichtlich der Unterzeichnung von Einladungen zur Wohnungseigentümerversammlung und deren Leitung.

Soweit daher die Teilungserklärung oder der Verwaltungsvertrag nichts anderes bestimmen, kann bei einer Verwaltung in der Form der juristischen Person die Delegation einzelner Verwaltungsangelegenheiten auf Erfüllungsgehilfen im Sinne des § 278 BGB erfolgen.

Zu diesen delegierbaren Verwaltungsangelegenheiten gehören auch die Unterzeichnung der Einladung und die Übernahme des Vorsitzes bzw. der Leitung der Wohnungseigentümerversammlung.

Der Vorsitzende hat die Wohnungseigentümerversammlung zu leiten. Dabei hat er zunächst bzw. auch im weiteren Verlauf die Beschlussfähigkeit der Versammlung zu prüfen, den Versammlungsablauf gemäß Tagesordnung zu gestalten und die Annahme oder der Ablehnung der beantragten Beschlussfassungen mit konstitutiver Wirkung zu verkünden.

Die konstitutive Beschlussfeststellung durch den Verwalter hat zur Folge, dass auch bei „falscher“ Beschlussverkündung, beispielsweise wegen fehlerhafter Stimmenwertung, ein Beschluss wirksam ist, wenn er nicht gemäß § 46 Abs. 1 Satz 2 WEG innerhalb Monatsfrist angefochten und durch das Gericht für ungültig erklärt wird.

Die Gültigkeit des Beschlusses hängt jedenfalls nicht von der formellen Feststellung und Verkündung des Abstimmungsergebnisses ab, da ein Beschluss gemäß § 23 Abs. 4 WEG stets gültig ist, solange er nicht durch rechtskräftiges Urteil für ungültig erklärt ist [65].

65 vgl. zur konstitutiven Beschlussfeststellung durch den Verwalter und zu den Rechtswirkungen BHG, 23.8.2001, V ZB 10/01, DWE 2001, 105 = NJW 2001, 3339 = ZMR 2001, 530

8. Der Ablauf der Wohnungseigentümerversammlung und Geschäftsordnung

Um einen reibungslosen Ablauf der Wohnungseigentümerversammlung zu gewährleisten, kann es insbesondere bei großen Wohnungseigentümergemeinschaften sinnvoll sein, bestimmte Regelungen über die Durchführung und den Ablauf der Wohnungseigentümerversammlung zu treffen.

Aus diesen Gründen empfiehlt es sich, eine Geschäftsordnung mit bestimmten festgelegten organisatorischen Ablaufregularien aufzustellen, beispielsweise zum Teilnahmerecht und zu einer allgemeinen Begrenzung der Redezeit [66].

Die Aufstellung einer solchen Geschäftsordnung zur Regelung der organisatorischen Ablaufs der Wohnungseigentümerversammlung kann im Rahmen ordnungsmäßiger Verwaltung mit Stimmenmehrheit sowohl für den Einzelfall auf spontanen Antrag in der jeweiligen Wohnungseigentümerversammlung als auch generell mit Wirkung für künftige Versammlungen beschlossen werden.

Eine im Rahmen einer konkreten Wohnungseigentümerversammlung beschlossene Geschäftsordnung über rein organisatorische Ablaufs- und Verfahrensfragen kann nicht selbständig angefochten werden [67], weil nur solche Beschlüsse anfechtbar sind, die einen materiellen Regelungsinhalt haben, nicht jedoch Beschlüsse mit rein organisatorischen Inhalten zum Versammlungsverlauf [68].

Eine Ausnahme gilt aber für den Fall, dass eine Geschäftsordnung als Dauerregelung gelten soll, also auch für künftige Versammlungen [69].

Im Rahmen solcher Regelungen kann es insbesondere sinnvoll sein, grundsätzlich eine allgemeine Redezeitbegrenzung oder aber eine zeitliche Begrenzung der Aussprache zu einzelnen Tagesordnungspunkten zu beschließen [70].

Zulässig sind auch Regelungen über die Änderung der Reihenfolge der einzelnen Punkte der Tagesordnung. Während normalerweise die einzelnen Tagesordnungspunkte grundsätzlich nach der in der Einladung zur Versammlung angegebenen Reihefolge zu behandeln sind und ein neuer Tagesordnungspunkt erst aufgerufen werden darf,

66 OLG Stuttgart, 30.4.1986, 8 W 531/85, ZMR 1986, 370

67 BayObLG, 10.7.1987, 2 Z 47/87, NJW-RR 1987, 1363; OLG München, 19.9.2005, 34 Wx 76/05, NZM 2005, 825

68 BayObLG, 16.11.1995, 2Z BR 108/95, DWE 1995, 34

69 LG Köln, 30.6.2011, 29 S 246/10

70 OLG Stuttgart, 30.4.1986, 8 W 531/85, zur grundsätzlichen Zulässigkeit einer Redezeitbegrenzung, a.a.O.

wenn die vorhergehenden Punkte erledigt sind, im Regelfall durch Abstimmung bzw. Beschlussfassung, kann durch Beschluss zur Geschäftsordnung oder auch aufgrund unwidersprochen gebliebener Anordnung des Versammlungsleiters von diesem Grundsatz abgewichen werden [71].

Auch ein solcher Beschluss über die Änderung der Reihenfolge der zu behandelnden Tagesordnungspunkte ist nicht anfechtbar. Es handelt sich hier ebenfalls nur um den organisatorischen Ablauf, der materielle Regelungsinhalt erfährt dadurch keine Änderung.

Zu den denkbaren und empfehlenswerten Regelungen gehören auch Regelungen über die Abstimmungsmodalitäten bei Beschlussfassungen der Wohnungseigentümer.

Die Entscheidung, ob im konkreten Einzelfall offen oder geheim abgestimmt oder in welcher Reihenfolge die Stimmrechtsauszählung vorgenommen werden soll, erfolgt durch mehrheitliche Beschlussfassung auf Antrag in der Wohnungseigentümerversammlung [72]. Einer Ankündigung dieser Geschäftsordnungsbeschlüsse in der Tagesordnung bedarf es nicht.

Nicht mehrheitlich beschließbar ist allerdings die Tonbandaufzeichnung der Wohnungseigentümerversammlung. Ein solcher Beschluss stellt einen erheblichen Eingriff in das allgemeine Persönlichkeitsrecht dar.

Erforderlich für eine Tonbandaufzeichnung ist die Zustimmung aller anwesenden Wohnungseigentümer. Verlangt jedoch nur ein einzelner Eigentümer die Löschung der Aufzeichnung, muss diesem Antrag stattgegeben werden. Zulässig ist es allerdings, dass der Verwalter die von ihm verkündeten Beschlüsse zwecks späterer schriftlicher Protokollierung auf Tonträger aufzeichnet.

Auch kann im Rahmen einer Tagesordnung nicht beschlossen werden, das Einsichtsrecht in die Stimmrechtsvollmachten zu beschränken [73].

---

71 BayObLG, 18.3.1999, 2Z BR 151/98, NZM 1999, 672

72 KG Berlin, 28.11.1984, 24 W 3678/84, ZMR 1985, 105

73 LG Frankfurt/Main, 5.8.2015, 2-13 S 32/13, ZWE 2016, 223

9. Beschlussfähigkeit, Zweitversammlung und Eventualeinladung

Eine Wohnungseigentümerversammlung ist gemäß § 25 Abs. 3 WEG nur beschlussfähig, wenn die erschienenen und vertretenen stimmberechtigten Wohnungseigentümer mehr als die Hälfte der Miteigentumsanteile, berechnet nach der im Grundbuch eingetragenen Größe dieser Anteile, repräsentieren, das sogenannte Quorum also erreicht ist. Wird das Quorum nicht erreicht, sind die dennoch gefassten Beschlüsse aber nicht nichtig, sondern nur anfechtbar [74].

Die Anteile nicht stimmberechtigter Wohnungseigentümer sind nicht zu berücksichtigen. Der Stimmrechtsausschluss umfasst grundsätzlich auch die den nicht stimmberechtigten Wohnungseigentümern übertragenen Vollmachten [75].

Stimmenthaltungen berühren die Beschlussfähigkeit der Versammlung nicht. Verlässt ein Wohnungseigentümer die Versammlung und wird diese dadurch beschlussunfähig, kann er dennoch die nach Beschlussunfähigkeit gefassten Beschlüsse anfechten [76].

Von der Bestimmung des § 25 Abs. 3 WEG kann durch Vereinbarung gemäß § 10 Abs. 2 Satz 2 WEG abgewichen werden, wonach die Wohnungseigentümerversammlung beispielsweise ohne Rücksicht auf die Zahl der erschienenen und vertretenen Wohnungseigentümer beschlussfähig sein soll [77]. Ein Mehrheitsbeschluss ist als gesetzesändernder Mehrheitsbeschluss nichtig [78].

Die Feststellung der Beschlussfähigkeit hat anhand der Anwesenheitsliste nicht nur zum Versammlungsbeginn zu erfolgen, sondern ist auch im weiteren Verlauf der Versammlung für jede einzelne Beschlussfassung jedenfalls dann zu überprüfen, wenn Eigentümer die Versammlung verlassen haben und davon auszugehen ist, dass die für eine Beschlussfassung erforderliche Mehrheit nach Miteigentumsanteilen nicht mehr gegeben ist. Stimmenthaltungen berühren jedoch die Beschlussfähigkeit nicht.

Ist eine Wohnungseigentümerversammlung nicht beschlussfähig, führt die fehlende Beschlussfähigkeit nicht zur Nichtigkeit dennoch gefasster Beschlüsse, sondern nur zu deren Anfechtbarkeit [79].

74 LG München I, 13.1.2014, 1 S 1817/13, ZWE 2014, 186
75 OLG Zweibrücken, Beschluss vom 11.3.2002, 3 W 184/01, NZM 2002, 345
76 AG Neumarkt, 20.8.2015, 4 C 5/14, IMR 2015, 508
77 OLG München, Beschluss vom 1.12.2005, 32 Wx 93/05, NZM 2006, 183
78 BGH, 20.9.2000, V ZB 58/99
79 BGH, 27.3.2009, V ZR 196/08, NZM 2009, 436; BayObLG, 5.5.1993, 2Z BR 29/93, WuM 1993, 488

Ist eine Versammlung gemäß § 25 Abs. 3 WEG beschlussunfähig, beruft der Verwalter gemäß § 25 Abs. 4 WEG eine neue Versammlung mit dem gleichen Gegenstand ein, die dann ohne Rücksicht auf die vertretenen Miteigentumsanteile beschlussfähig ist. Hierauf hat der Verwalter bei der erneuten Einberufung hinzuweisen.

Nach den Bestimmungen des § 25 Abs. 4 WEG kann die Zweitversammlung im Falle der Beschlussunfähigkeit der Erstversammlung aber erst dann einberufen werden, wenn deren Beschlussunfähigkeit feststeht. Folglich kann zur Zweitversammlung grundsätzlich nicht bereits mit der Einladung zur Erstversammlung eingeladen werden.

Aus diesem Grunde können Regelungen zur sogenannten Eventualeinladung nicht mehrheitlich, also auch nicht im Verwaltungsvertrag beschlossen werden. Ein solcher Mehrheitsbeschluss wäre als gesetzesändernder Beschluss nichtig [80]. Erforderlich für die Zulässigkeit einer Eventualeinladung ist eine Vereinbarung nach § 10 Abs. 2 Satz 2 WEG [81].

Die fehlerhafte Einberufung durch eine unzulässige Eventualeinladung führt aber nicht zur Unwirksamkeit der anlässlich einer solchen Versammlung gefassten Beschlüsse. Vielmehr bedarf es auch hier der Anfechtung gemäß §§ 43 Nr. 4, 46 Abs. 1 WEG und der Ungültigerklärung durch das Gericht.

Im Übrigen erfolgt eine Ungültigerklärung wegen dieses Einberufungsmangels dann nicht, wenn das Abstimmungsergebnis nicht auf diesem Mangel beruht.

Aus praktischen Erwägungen empfehlen sich Regelungen in der Teilungserklärung bzw. in der Gemeinschaftsordnung bzw. spätere Vereinbarungen gemäß § 10 Abs. 2 Satz 2 WEG, die die Eventualeinladung zulassen. Eine solche abweichende Vereinbarung ist wirksam, da die Vorschrift des § 25 Abs. 4 WEG abdingbar ist [82].

80 BGH, 20.9.2000, V ZB 58/99
81 OLG Frankfurt, 24.8.2006, 20 W 214/05 und 215/06, NZM 2007, 806
82 vgl. hierzu OLG Köln, 30.12.1998, 16 Wx 187/97, n.v.

10. Teilnahmerecht und Stimmrecht in der Wohnungseigentümerversammlung

Jedem Wohnungs- und Teileigentümer steht das Recht zur Teilnahme und zur Ausübung des Stimmrechts in der Wohnungseigentümerversammlung als zentralem Ort der Willensbildung der Wohnungseigentümer zu. Die Versammlungsteilnahme und die Ausübung des Stimmrechts als Ausfluss seiner Mitgliedschaftsrechte in der Gemeinschaft gehören zu den Kernbereichen des Wohnungseigentumsrechts. Eine Teilnahmeverpflichtung besteht jedoch nicht [83].

Dabei vermittelt das Stimmrecht des Wohnungseigentümers als Ausfluss seines Mitgliedschaftsrechtes in der Wohnungseigentümergemeinschaft jedem Einzelnen das grundsätzliche Recht zur Mitwirkung bei der Verwaltung des gemeinschaftlichen Eigentums sowie das Recht und die Möglichkeit, an der Willensbildung zur Gestaltung der rechtlichen Beziehungen und der wirtschaftlichen Verwaltung teilzunehmen [84]. Zu diesem Mitwirkungs- und Gestaltungsrecht gehört auch der Anspruch auf Auskunft durch den Verwalter, das Rederecht sowie das Recht, in der Versammlung Anträge zu stellen, beispielsweise zur Geschäftsordnung.

Ein Entzug des Rederechts verstößt gegen die guten Sitten und stellt eine Verletzung der Rechte aus Art. 14 GG dar [85].

Hat der Versammlungsleiter die abgegebene Stimme zur Feststellung des Beschlussergebnisses zur Kenntnis genommen, ist ein Widerruf der Stimmabgabe nicht mehr möglich [86].

Stimmberechtigt ist nur der im Grundbuch eingetragene Wohnungs- oder Teileigentümer. Der Erwerber einer Eigentumswohnung in einer rechtlich vollständig in Vollzug gesetzten Wohnungseigentumsanlage hat in der Wohnungseigentümerversammlung auch dann kein eigenes Stimmrecht, wenn sein Übereignungsanspruch durch eine Vormerkung im Grundbuch gesichert ist und Besitz, Nutzungen, Lasten und Gefahren auf ihn übergegangen sind [87].

83 AG Neumarkt, 20.8.2015, 4 C 5/14, IMR 2015, 508
84 BGH, 1.12.1988, V ZB 6/88; OLG Köln, 17.2.2004, 16 Wx 191/04
85 LG München I, 6.11.2014, 36 S 25536/13, n.v.
86 BGH, 13.7.2012, V ZR 254/11,DWE 2012, 149
87 BGH, 1.12.1988, V ZB 6/88, BGHZ 106, 113 = NJW 1989, 1087

Eine Ausnahme gilt allerdings für den Fall, dass die Wohnungseigentümergemeinschaft noch nicht rechtlich in Vollzug gesetzt ist, also nicht mindestens zwei Wohnungseigentümer im Grundbuch eingetragen sind. Insoweit ist auch der „werdende Wohnungseigentümer“ stimmberechtigt [88].

Dem Zwangsverwalter billigt die vorherrschende Meinung das Stimmrecht grundsätzlich deshalb zu, weil im Regelfall alle Beschlussgegenstände auch die Zwangsverwaltung treffen [89]. Insoweit ist der Wohnungseigentümer einer zwangsverwalteten Wohnung nicht stimmberechtigt und auch nicht anfechtungsberechtigt [90].

Ist ein Wohnungseigentum mit einem Nießbrauch belastet, wird dadurch das Stimmrecht des Wohnungseigentümers nicht berührt. Auch hinsichtlich einzelner Gegenstände geht das Stimmrecht nicht auf den Nießbraucher über. Allerdings kann aus dem zwischen dem Nießbraucher und dem Wohnungseigentümer bestehenden Treueverhältnis der stimmberechtigte Wohnungseigentümer verpflichtet sein, bei der Stimmabgabe die Interessen des Nießbrauchers zu berücksichtigen, nach dessen Weisung zu handeln oder ihm eine Stimmrechtsvollmacht zu erteilen [91].

10.1 Die gesetzliche Stimmrechtsregelung

Nach der Regelung des § 25 Abs. 2 Satz 1 WEG hat jeder Wohnungseigentümer eine Stimme. Es gilt das so genannte Kopfprinzip, wonach auch der Wohnungseigentümer nur eine Stimme in der Wohnungseigentümerversammlung hat, der Eigentümer mehrerer Wohnungen in der betreffenden Gemeinschaft ist [92].

Dieses Kopfprinzip gilt auch für den Fall, dass ein Wohnungseigentum mehreren Eigentümern gemeinschaftlich zusteht, beispielsweise Ehepaaren jeweils zur ideellen Hälfte, da nach § 25 Abs. 2 Satz 2 WEG in solchen Fällen das Stimmrecht nur gemeinschaftlich ausgeübt werden kann.

Dieses gemeinschaftliche Stimmrecht bei Ehegatten als gemeinschaftliche Eigentümer kann allerdings auch durch einen Eigentümer allein ausgeübt werden, ohne dass es hierzu einer entsprechenden Vollmacht bedarf bzw. entsprechender Regelungen durch Teilungserklärung oder Gemeinschaftsordnung [93].
Dieser Rechtsauffassung entspricht auch die Meinung, dass der Verwalter oder ein ande-

88 BGH, 5.6.2008, V ZB 85/08, NZM 2008, 805; vgl. auch Kap. 4
89 Niedenführ in Kümmel/Niedenführt/Vandenhouten, WEG § 25 Rn. 4
90 LG Berlin, 19.9.2008, ZMR 2009, 474
91 BGH, 7.3.2002, V ZB 24/01, DWE 2002, 55 = NZM 2002, 450
92 BGH, 17.1.1968, V ZB 9/67, BGHZ 49, 250 = NJW 1968, 499
93 OLG Frankfurt, 7.8.1996, 20 W 543/95, DWE 1997, 80; a.A. LG Köln, 10.4.1989, 30 T 191/88, n.v.

rer Versammlungsleiter nicht gehalten ist, dann, wenn ein Wohnungseigentum mehreren Eigentümern gemeinschaftlich zusteht, bei Abstimmungen in der Wohnungseigentümerversammlung die Stimmabgabe eines Mitberechtigten daraufhin zu überprüfen, ob er von den übrigen Eigentümern bevollmächtigt ist.

Begründet wird diese Auffassung damit, dass gemäß § 1011 BGB ein Miteigentümer kraft Gesetzes ermächtigt ist, die Ansprüche aus dem Eigentum gegenüber Dritten in Ansehung der ganzen Sache geltend zu machen [94].

10.2 Abweichende Stimmrechtsregelungen

Das gesetzliche Kopfstimmrecht ist nach herrschender Rechtsmeinung abdingbar [95], so dass durch eine Vereinbarung gemäß § 10 Abs. 2 Satz 2 WEG eine andere Stimmrechtsregelung getroffen werden kann, wonach sich das Stimmrecht nach

- der Höhe der Miteigentumsanteile oder nach
- der Zahl der Wohnungen,

dem so genannten Anteils-/Wert- oder Objektprinzip richten kann [96].

Diese Möglichkeit der abweichenden Stimmrechtsregelung nach der Höhe der Miteigentumsanteile ist grundsätzlich auch in dem Fall zulässig, dass eine Wohnungseigentumsanlage nur aus zwei Wohnungen besteht [97].

Wird bei einer abweichend vom Kopfprinzip getroffenen Regelung in einer Wohnungseigentümerversammlung dennoch „nach Köpfen“ abgestimmt, ist ein so zustande gekommener Beschluss zwar nicht nichtig, im Falle der Anfechtung jedoch für ungültig zu erklären.

Stellt sich allerdings bei der gerichtlichen Überprüfung heraus, dass sich auch bei Anwendung der nach der Teilungserklärung vorgesehenen Stimmrechtsregelung kein anderes Abstimmungsergebnis ergeben hätte, ist der Beschluss nicht für ungültig zu erklären [98].

94 BayObLG, 31.3.1994, 2Z BR 16/94, ZMR 1994, 338
95 BGH, 10.7.2015, V ZR 198/14, DEW 2015, 111
96 BGH, 28.10.2011, V ZR 253/10; 19.9.2002, V ZB 30/02
97 BayObLG, 28.1.1986, 2 Z 4/86, BayObLGZ 1986, 10 = MDR 1986, 413;
98 BayObLG, 15.3.1984, 2 Z 118/83, DWE 1984, 93

10.3 Majorisierung

Ein besonderes Problem stellt die bei abweichender Stimmrechtsregelung mögliche Majorisierung durch einen Mehrheitseigentümer dar – nach Miteigentumsanteilen oder nach der Zahl der Wohnungen.

Grundsätzlich wird die vom Kopfstimmrecht abweichende Stimmrechtsregelung, die einem Mehrfacheigentümer einen größeren Stimmrechtseinfluss gewährt, vor allem mit wirtschaftlichen Argumenten wegen der höheren Vermögensbeteiligung der betreffenden Eigentümer begründet und deshalb als gerechtfertigt angesehen [99].

Nach herrschender Meinung ist die Stimmrechtshäufung und die dadurch mögliche Majorisierung nicht bereits als solche schädlich und führt nicht allein bereits deshalb zur Ungültigerklärung [100].

Vielmehr ist in einem solchen Fall konkret zu prüfen, ob das Mehrfachstimmrecht rechtsmissbräuchlich ausgeübt wurde [101]. Ein Verstoß gegen Treu und Glauben gemäß § 242 BGB kann nur aus der konkreten Ausübung des Stimmrechts und nicht etwa allein aus einem bestehenden Stimmenübergewicht hergeleitet werden [102].

Die grundsätzliche Anfechtungsmöglichkeit innerhalb Monatsfrist gemäß § 46 Abs. 1 WEG bietet nach dieser Meinung im Übrigen ausreichend Schutz vor einer rechtsmissbräuchlichen Stimmrechtsausübung und führt bejahendenfalls zur Ungültigerklärung der so zustande gekommenen Beschlüsse [103].

Eine rechtsmissbräuchliche Stimmrechtsausübung bejaht die Rechtsprechung für den Fall, dass ein Mehrfacheigentümer, beispielsweise der veräußernde Bauträger, einen ihm persönlich verbundenen Verwalter einsetzt, dessen fehlende fachliche Eignung offenkundig ist.

Da eine rechtsmissbräuchliche Stimmrechtsausübung aber auch unter dem Gesichtspunkt der wirtschaftlichen Interessen des Mehrfacheigentümers zu prüfen ist, führt im konkreten Einzelfall selbst ein Stimmenübergewicht von 90 Prozent allein nicht dazu, dass ein so zustande gekommener Mehrheitsbeschluss für ungültig zu erklären ist [104].

99 OLG Karlsruhe, 4.5.1987, 11 W 35/87, n.v.

100 BayObLG, Beschluss vom 10.3.1994, 2Z BR 143/93, WM 1994, 570 ; OLG Düsseldorf, 7.2.1997, 3 Wx 556/94, ZMR 1997, 322

101 OLG Karlsruhe, 4.5.1987, 11 W 35/87, n.v.

102 OLG Düsseldorf, 6.5.2002, 3 Wx 244/01, DWE 2003, 70; 3.5.2000, 3 Wx 9/00, NZM 2000, 1019; 7.2.1997, 3 Wx 556/94, ZMR 1997, 322

103 KG Berlin, 10.1.1994, 24 W 4817/93, DWE 1995, 3 WuM 1994, 227

104 OLG Karlsruhe, 15.1.1976, 11 W 93/75, OLGZ 1976, 145

10.4 Stimmrechtsausübung bei Unterteilung

Nach herrschender Rechtsprechung bedarf die Unterteilung eines Wohnungseigentums nicht der Zustimmung der übrigen Eigentümer, weil deren Rechte im Regelfall nicht beeinträchtigt werden. Voraussetzung ist allerdings, dass es nicht zu einer Stimmrechtsvermehrung kommt, wodurch die Rechtsstellung der übrigen Eigentümer hinsichtlich der Fassung von Mehrheitsbeschlüssen eine Beeinträchtigung erfahren würde [105].

Insoweit geht die Rechtsprechung [106] davon aus, dass bei Vereinbarung des Objektprinzips die Eigentümer der unterteilten Einheiten jeweils eine halbe Stimme haben, die sie selbständig ausüben können [107].

Dabei wird allerdings übersehen, dass zwar die Stimmenzahl insgesamt keine Vermehrung erfährt, eine Beeinträchtigung der Rechtsstellung der übrigen Eigentümer aber deshalb eintritt, dass sich die Stimmrechtsverhältnisse verschieben.

Geht man von dem einfachen Fall aus, dass sich bei ursprünglich vier Stimmen ein Patt ergibt, wenn jeweils zwei Eigentümer je eine Stimme auf sich vereinigten, kann sich bei jetzt fünf Eigentümern beispielsweise ein Verhältnis von 2 1/2 zu 1 1/2 Stimmen ergeben, wobei die Stimmenzahl von insgesamt vier Stimmen erhalten bleibt, sich das Verhältnis aber von 2:2 auf 3:2 ändert.

Damit ergibt sich in einem solchen Fall eine Veränderung im Sinne einer Beeinträchtigung der Rechtsstellung der übrigen Eigentümer, so dass deren Zustimmung als erforderlich anzusehen ist.

105 BGH, 27.4.2012, V ZR 211/11, DWE 2012, 113

106 so u.a. OLG Düsseldorf, 24.1.1990, 3 Wx 571/89, DWE 1990, 103; KG Berlin, 18.11.1998, 24 W 4180/97, DWE 2000,31

107 BGH, 27.4.2012, V ZR 211/11, DWE 2012, 113; OLG Düsseldorf, 24.1.1990, 3 Wx 571/89, a.a.O.; KG Berlin, 18.11.1998, 24 W 4180/97

10.5 Stimmrechtsausschluss und Ruhen des Stimmrechts.

Nicht stimmberechtigt ist ein Wohnungseigentümer gemäß § 25 Abs. 5 WEG dann, wenn die Beschlussfassung darauf gerichtet ist, mit ihm ein Rechtsgeschäft abzuschließen, das die Verwaltung des gemeinschaftlichen Eigentums betrifft. Dabei könnte es sich beispielsweise um einen Instandsetzungsauftrag handeln, mit dem die Firma eines Wohnungseigentümers beauftragt werden soll.

Auch wenn es um die Einleitung oder die Erledigung eines Rechtsstreits eines Wohnungseigentümers mit den anderen Wohnungseigentümern geht, ist der Eigentümer, gegen den sich der Rechtsstreit richtet, vom Stimmrecht ausgeschlossen. Ebenso ist der Wohnungseigentümer nicht stimmberechtigt, der nach § 18 WEG rechtskräftig zur Veräußerung seines Wohnungseigentums verurteilt worden ist.

Ein zeitweiliges Ruhen des Stimmrechts kann durch die Gemeinschaftsordnung, die Teilungserklärung oder auch durch eine spätere Vereinbarung gemäß § 10 Abs. 2 WEG nicht in der Weise geregelt werden, dass der Stimmrechtsausschluss dann eintritt, wenn ein Wohnungseigentümer mit erheblichen Hausgeldbeiträgen im Rückstand ist [108].

Der Stimmrechtsausschluss betrifft auch einen Wohnungseigentümer, der gleichzeitig Verwalter oder mit diesem rechtlich oder wirtschaftlich abhängig verbunden ist, wenn mit der Jahresabrechnung gleichzeitig über die Entlastung des Verwalters zu beschließen ist. Das trifft auch den Fall, wo der Verwalter als Vertreter einzelner Wohnungseigentümer über seine Entlastung beschließen will [109].

108 BGH, 10.12 2010, V ZR 60/10; LG Nürnberg/Fürth, 17.3.2010, 14 S 5126/09; AG Hannover, Urteil vom 2.1.2009, 481 C 12732/08, ZMR 2009, 409

109 LG Berlin, 19.4.2013, 55 S 170/12, DWE 2014, 33

10.6 Durch wen kann sich ein Wohnungseigentümer vertreten lassen ?

Jeder Wohnungseigentümer ist grundsätzlich berechtigt, sich durch jeden beliebigen Dritten in der Ausübung seines Stimmrechts und damit in der Teilnahme an der Wohnungseigentümerversammlung vertreten zu lassen [110].

Die zunächst grundsätzlich unbeschränkte Vertretungsmöglichkeit führt dazu, dass sich ein Eigentümer beispielsweise nicht nur durch seinen Ehegatten vertreten lassen kann, sondern gleichermaßen auch durch seinen Mieter, seinen Rechtsanwalt oder durch seinen Steuerberater.

Auch die allgemeine Ermächtigung des Verwalters durch entsprechende Regelung in der Teilungserklärung oder der Gemeinschaftsordnung, generell für alle nicht anwesenden oder vertretenen Wohnungseigentümer das Stimmrecht in der Wohnungseigentümerversammlung auszuüben, wird für zulässig erachtet [111].

Ist ein Wohnungseigentümer vom Stimmrecht ausgeschlossen, betrifft der Ausschluss auch die ihm möglicherweise übertragenen Vollmachten .[112]

10.6.1 Vertretungsbeschränkungen

Das grundsätzlich jedem Wohnungseigentümer zustehende Recht, sich in der Ausübung seiner Rechte als Wohnungseigentümer in der Wohnungseigentümerversammlung vertreten zu lassen, kann rechtswirksam durch entsprechende Vereinbarungen bzw. Regelungen in der Gemeinschaftsordnung eingeschränkt werden [113].

Üblich sind solche Vertretungsbeschränkungen in der Form, dass sich Wohnungseigentümer nur durch Ehegatten, einen Miteigentümer oder durch den Verwalter vertreten lassen können. Erforderlich für eine solche Regelung ist eine entsprechende Vereinbarung gemäß § 10 Abs. 2 Satz 2 WEG [114].

110 OLG Celle, 18.12.1957, 4 Wx 42/57, NJW 1958, 307

111 OLG Frankfurt, 27.9.1985, 20 W 426/84, OLGZ 1986, 45 = DWE 1986, 30; AG München, 28.12.1992, UR II 600/92, DWE 1993, 44

112 OLG Zweibrücken, 11.3.2002, 3 W 184/01, NZM 2002, 345

113 BGH, 11.11.1986, V ZB 1/86, DWE 1987, 23; 29.1.1993, V ZB 24/92, DWE 1993, 65

114 BGH, 29.1.1993, V ZB 24/92, ZMR 1993, 287; vgl. auch Elzer, ZMR 7, 10, m.w.N.

Ist in der Gemeinschaftsordnung bzw. in der Teilungserklärung geregelt, dass sich die Wohnungseigentümer in der Wohnungseigentümerversammlung nur durch bestimmte Personen vertreten lassen dürfen, so betrifft dies nicht nur die Stimmabgabe, sondern jede aktive Beteiligung. Dann ist es auch einem Beistand als beratende Begleitperson nicht erlaubt, in der Versammlung Erklärungen abzugeben oder Anträge zu stellen [115].

Die Wirksamkeit solcher Vertretungsbeschränkungen findet jedoch dort ihre Grenze, wo eine solche Vereinbarung zu einer unzumutbaren Benachteiligung der Betroffenen führen würde. Das könnte der Fall sein bei psychisch-physischer Handlungsunfähigkeit und bei Unzumutbarkeit der Vertreter wegen Interessenkollision [116]. Voraussetzung ist immer ein berechtigtes Interesse, das sich auch aus dem Schwierigkeitsgrad der Angelegenheit ergeben kann, über die nach der Tagesordnung zu beschließen ist [117].

Auch bei einer völlig zerstrittenen Gemeinschaft könnte das Festhalten an einer Vertretungsbeschränkung als treuwidrig angesehen werden mit der Folge, dass auch ein gemäß Vereinbarung nicht vertretungsberechtigter Dritter einen Wohnungseigentümer rechtswirksam in der Ausübung seiner Rechte in der Wohnungseigentümerversammlung vertreten könnte [118].

Nach der Rechtsprechung des KG Berlin kann eine Vertretungsbeschränkung allerdings dann als unbeachtlich angesehen werden, wenn die Stimmabgabe in der Versammlung nicht beanstandet wird [119].

Im Übrigen darf ein Wohnungseigentümer auch dann, wenn eine Vertretungsbeschränkung nicht geregelt ist, sich in der Wohnungseigentümerversammlung durch einen ihn lediglich beratenden Beistand nur bei berechtigtem Interesse begleiten lassen [120].

115 BGH, 29.1.1993, V ZB 24/92, DWE 1993, 65 = ZMR 1993, 287

116 OLG Karlsruhe, 21.4.1976, 3 W 8/76, OLGZ 1976, 273 = MDR 1976, 758

117 BGH, 29.1.1993, V ZB 24/92, a.a.O.

118 OLG Braunschweig, 29.8.1989, 3 W 27/89, DWE 1990, 116 = WuM 1990, 171; OLG Düsseldorf, 19.10.1998, 3 Wx 332/98, NZM 1999, 271, dort zu einem Fall, wo der vertretungsberechtigte Ehegatte zur Vertretung aus gesundheitlichen Gründen nicht in der Lage war, die betroffenen Eigentümer mit den übrigen Wohnungseigentümern völlig zerstritten waren und erst unmittelbar vor der Versammlung ein neuer Verwalter bestellt worden ist, den der verhinderte Eigentümer (noch) nicht kannte

119 KG Berlin, 20.7.1994, 24 W 3942,/94, DWE 1995, 31 = ZMR 1994, 524

120 BGH, 29.1.1993, V ZB 24/92, a.a.O.

10.6.2 Vertretungsvollmacht

Im Regelfall erfolgt die Vertretung aufgrund schriftlicher Vollmacht, die allerdings dann entbehrlich ist, wenn der Vertretene den Verwalter vor der Versammlung schriftlich unterrichtet, dass er einer benannten Person Vertretungsvollmacht erteilt habe [121].
Ist nach der Gemeinschaftsordnung die Vorlage einer schriftlichen Vertretungsvollmacht vorgeschrieben, kann der bevollmächtigte Vertreter bei fehlender Vollmachtsurkunde zurückgewiesen, d.h. von der Teilnahme an der Versammlung ausgeschlossen werden [122]. Das gleiche gilt vor allem dann, wenn die Vorlage der Originalvollmacht vorgeschrieben ist [123]. Ein späteres Nachreichen der Vollmacht kommt nicht in Betracht. Grundsätzlich dürfen jedenfalls Vereinbarungen bzw. Bestimmungen in der Gemeinschaftsordnung, durch die die Befugnis der Wohnungseigentümer zur Erteilung von Vollmachten eingeschränkt werden, nicht weit ausgelegt werden [124].

Wird allerdings ein Vertreter, der die nach der Gemeinschaftsordnung erforderliche schriftliche Originalvollmacht nicht vorlegt, in der Versammlung nicht zurückgewiesen, ist die von ihm abgegebene Stimme wirksam, allerdings im Falle der Anfechtung für ungültig zu erklären [125].

In einem solchen Fall wird ein nachträgliches Anfechtungsrecht jedoch nicht ausgeschlossen werden können, wie es auch den Wohnungseigentümern nach herrschender Rechtsmeinung zugebilligt wird, die in der Versammlung zunächst den Beschlüssen zugestimmt haben [126].

Bei einer juristischen Person oder einer handelsrechtlichen Personengemeinschaft reicht für den Nachweis des gesetzlichen Vertreters ein Handelsregisterauszug aus, einer besonderen Vertretungsvollmacht bedarf es nicht. Sie kann selbst dann nicht verlangt werden, wenn die Gemeinschaftsordnung den Nachweis durch schriftliche Vollmacht vorschreibt [127].

Wird eine handelsrechtliche Personengemeinschaft durch einen Firmenangehörigen vertreten, beispielsweise eine Aktiengesellschaft durch deren Handlungsbevollmächtigten, ist die Vorlage einer Vollmachtsurkunde zum Nachweis der Vertretungsberechtigung erforderlich, wenn die Gemeinschaftsordnung die Vorlage einer schriftlichen Vollmacht vorschreibt.

121 BayObLG, 2.2.1984, 2 Z 63/83, BayObLGZ 1984, 15
122 BayObLG, 8.6.1990, 1 b Z 18/89, WE 1991, 261
123 OLG München, 11.12.2007, 34 Wx 091/07, NZM 2008, 92 = ZMR 2008, 236
124 BayObLG, 8.6.1990, 1 b Z 18/98, DWE 1990, 114
125 BayObLG, 8.6.1990, 1 b Z 18/89, a.a.O.; LG Frankfurt, 8.4.2015, 2-13 S 35/13,
126 so u.a. OLG Düsseldorf, 15.4.1988, 3 Wx 68/88, DWE 1989, 28
127 zur gesetzlichen Vertretung vgl. Drasdo, a.a.O. C 31 ff.

Zur Überprüfung bzw. zur Einsichtnahme in die Stimmrechtsvollmachten vor der Wohnungseigentümerversammlung ist jeder Wohnungseigentümer und auch der Verwaltungsbeirat berechtigt [128].

10.6.3 Erteilung von Untervollmachten

Grundsätzlich kann der von einem Wohnungseigentümer bevollmächtigte Vertreter auch Untervollmacht erteilen, wenn dies nicht ausdrücklich durch die Teilungserklärung, die Gemeinschaftsordnung oder durch spätere Vereinbarung gemäß § 10 Abs. 2 Satz 2 WEG ausgeschlossen ist. Allerdings muss sich die Befugnis zur Erteilung einer Untervollmacht - gegebenenfalls durch Auslegung - aus der Hauptvollmacht ergeben [129].

128 OLG München, 31.10.2007, 34 Wx 60/07, MietRB 2008, 45

129 vgl. dazu BayObLG, 23.12.2002, 2Z BR 93/02, FGPrax 2003, 67; OLG Zweibrücken, 8.11.1990, 3 W 109/90, WE 1991, 357; 3 W 40/98, NZM 1998, 671

11. Teilnahme von Nichtwohnungseigentümern

Während bei der Vertretung eines Wohnungseigentümers durch einen Dritten in der Wohnungseigentümerversammlung der Vertretene grundsätzlich nicht selbst anwesend ist, stellt sich andererseits die Frage, ob ein teilnehmender Wohnungseigentümer einen Nicht-Wohnungseigentümer als Begleiter, beispielsweise einen Rechtsanwalt oder Steuerberater, mitnehmen und dieser auch an seiner Stelle sich mündlich in der Versammlung äußern darf.

Da Wohnungseigentümerversammlungen grundsätzlich nicht öffentlich sind, ist dies nur bei berechtigtem Interesse zu bejahen. Dies kann aus beachtlichen persönlichen Gründen oder auch dann der Fall sein, wenn es um die Beschlussfassung zu schwierigen Tagesordnungspunkten geht [130].

Sieht man von einem solchen Fall des berechtigten Interesses ab, ist die Wohnungseigentümergemeinschaft und auch der Verwalter berechtigt, die Teilnahme Dritter auszuschließen [131].

Ist die Teilnahme Dritter oder von „Besuchern" gemäß Teilungserklärung oder Gemeinschaftsordnung zulässigerweise ausgeschlossen, darf ein teilnehmender Wohnungseigentümer jedenfalls dann keinen Zuhörer oder Berater mitbringen, wenn auch nur ein einzelner Miteigentümer hiergegen Einwendungen erhebt und den Ausschluss des „Besuchers" von der Versammlung verlangt [132].

Ist die Teilnahme Dritter nicht ausdrücklich durch Vereinbarung ausgeschlossen, enthält jedoch die Teilungserklärung oder die Gemeinschaftsordnung eine Regelung über eine Vertretungsbeschränkung, so erstreckt sich diese Vertretungsbeschränkung nicht nur auf die Stimmabgabe, sondern auf jede aktive Beteiligung Dritter an der Versammlung [133].

Folglich ist bei einer solchen Beschränkung auch Beiständen oder Beratern grundsätzlich nicht gestattet, in Versammlungen Erklärungen für den Wohnungseigentümer abzugeben oder für ihn Anträge zu stellen.

130 BGH, 29.1.1993, V ZB 24/92, DWE 1993, 65 = ZMR 1993, 287; OLG Hamm, Beschluss vom 9.10.1985, 15 W 95/85; DWE 1986, 31; OLG Karlsruhe, 8.11.1996, 11 Wx 121/95, DWE 1998, 33 = ZMR 1997, 195

131 LG Hamburg, 19.5.1989, 20 T 103/88, DWE 1990, 32

132 KG Berlin, 27.11.1985, 24 W 1856/85, OLGZ 1986, 51; ZMR 1986, 91

133 BGH, 29.1.1993, V ZB 24/92, DWE 1993, 65 = ZMR 1993, 287

Da im Übrigen Wohnungseigentümerversammlungen grundsätzlich nicht öffentlich sind, ist die Teilnahme Dritter in begleitender bzw. in beratender Funktion grundsätzlich nur dann zulässig, wenn ein Wohnungseigentümer daran ein berechtigtes Interesse hat.

Als berechtigtes Interesse kommen hohes Alter oder andere im persönlichen Bereich liegende Schwierigkeiten (Sprachstörungen, Schwerhörigkeit), aber auch schwierig zu beurteilende Beschlussangelegenheiten in Frage.

Allgemein ist von einem berechtigten Interesse dann auszugehen, wenn die geltend gemachten Gründe des betroffenen Wohnungseigentümers gewichtiger sind als das Interesse der Wohnungseigentümergemeinschaft, die Versammlung auf den Kreis der Eigentümer zu beschränken.

Lehnen die Wohnungseigentümer die Anwesenheit eines Beraters durch Mehrheitsbeschluss mangels wichtiger Gründe ab, steht dem betroffenen Wohnungseigentümer die Möglichkeit der Anfechtung offen [134].

Wird dagegen im Rahmen eines Geschäftsordnungsantrages die (stille) Teilnahme der Ehefrau eines Miteigentümers und der Lebensgefährtin eines anderen Eigentümers mehrheitlich (bei einer Gegenstimme) gebilligt, und nehmen solche Begleiter weder an der Diskussion noch an der Abstimmung teil, ist im Regelfall davon auszugehen, dass zwischen der Teilnahme der nicht berechtigten Personen und den gefassten Beschlüssen eine Kausalität nicht besteht, folglich auch kein Verstoß gegen die Grundsätze ordnungsmäßiger Verwaltung anzunehmen ist, der die Anfechtung rechtfertigen und die Ungültigerklärung der Beschlüsse begründen könnte [135].

Hat im Übrigen eine Wohnungseigentümergemeinschaft über mehrere Jahre die Vertretung eines Wohnungseigentümers in der Wohnungseigentümerversammlung hingenommen, obwohl die Vertretung durch diesen Teilnehmer der Vertretungsbeschränkung gemäß Gemeinschaftsordnung widersprach, darf die Gemeinschaft diese Handhabung nur ändern, wenn gewährleistet wird, dass sich der betroffene Wohnungseigentümer um eine ordnungsmäßige Vertretung kümmern kann.

Wird dem Eigentümer diese Möglichkeit nicht oder zumindest nicht rechtzeitig eingeräumt, muss der bisher bestellte Vertreter nach Treu und Glauben gemäß § 242 BGB weiter zur Teilnahme an der Versammlung zugelassen werden [136].

134 BGH, 29.1.1993, V ZB 24/92, a.a.O.

135 OLG Hamm, 14.6.1996, 15 W 15/96, DWE 1997, 70 = ZMR 1996, 677

136 OLG Hamm, 12.12.1996, 15 W 424/96, DWE 1997, 86

Ein Mehrheitsbeschluss, wonach auch Mietern grundsätzlich das Recht zur Teilnahme an der Wohnungseigentümerversammlung eingeräumt wird, widerspricht dagegen den Grundsätzen ordnungsmäßiger Verwaltung und ist auf Anfechtung hin für ungültig zu erklären [137]. Das Recht, einen Mieter mit der Vertretung in der Wohnungseigentümerversammlung zu bevollmächtigen, bleibt davon allerdings unberührt, vorbehaltlich einer vereinbarten Vertretungsbeschränkung.

137 AG Bochum, 30.10.2008, 94 C 26/08, 94

12. Beschlussfassung

Der Beschlussfassung in der Wohnungseigentümerversammlung unterliegen gemäß § 23 Abs. 1 WEG die Angelegenheiten, für die die Vorschriften des Wohnungseigentumsgesetzes oder entsprechende Vereinbarungen einen Beschluss in der Form eines

- einfachen oder (doppelt) qualifizierten Mehrheitsbeschlusses oder eines
- einstimmigen bzw. allstimmigen Beschluss (= Zustimmung aller im Grundbuch eingetragenen Eigentümer) vorsehen.

12.1 Mehrheitsbeschluss

Als Mehrheit in diesem Sinne gilt, sofern das Gesetz, die Teilungserklärung oder die Gemeinschaftsordnung nicht ausdrücklich etwas anderes vorschreiben, stets mehr als die Hälfte der von den anwesenden oder vertretenen Wohnungseigentümern abgegebenen Stimmen, entweder nach Kopfzahl, Miteigentumsanteilen oder nach der Zahl der Raumeinheiten. Wird die einfache Mehrheit nicht erreicht, liegt in der Regel kein Beschluss vor [138].

Bei Stimmengleichheit ist ein Mehrheitsbeschluss nicht zustande gekommen.

Eine Bestimmung in der Teilungserklärung, dass Beschlüsse in der Wohnungseigentümerversammlung grundsätzlich nur mit Drei-Viertel-Mehrheit zustande kommen und nur bei Angelegenheiten von untergeordneter Bedeutung die einfache Mehrheit genügt, ist dagegen unwirksam [139].

Schwierigkeiten können auftreten, wenn es Zweifel an der Bezugsgröße gibt.

Im Regelfall wird man von den in der Versammlung anwesenden bzw. vertretenen Wohnungseigentümern auszugehen haben, da es sich auch bei qualifizierten Beschlüssen um solche handelt, die als Beschlüsse der Wohnungseigentümer in der Wohnungseigentümerversammlung zu fassen sind.

Die Versammlung ist gemäß § 25 Abs. 3 WEG grundsätzlich beschlussfähig, wenn die erschienenen und vertretenen stimmberechtigten Wohnungseigentümer mehr als die Hälfte der Miteigentumsanteile vertreten, so dass folglich als Bezugsgröße ebenso wie bei „normalen" Mehrheitsbeschlüssen die entsprechende Kopfzahl oder die abweichende

138 BayObLG, 15.10.1998, 2Z BR 126/98, DWE 1999, 35
139 KG Berlin, 4.3.1998, 24 W 6949/97, DWE 1998, 184 = NZM 1998, 520

Stimmrechtsregelung zugrunde zu legen ist.

Eine abweichende Regelung enthält § 16 Abs. 4 WEG, wonach die erforderliche doppelt qualifizierte Mehrheit eine Mehrheit von drei Viertel aller stimmberechtigten Eigentümer nach Köpfen und mehr als die Hälfte der Miteigentumsanteile zur wirksamen Beschlussfassung voraussetzt.

Die Abstimmung selbst erfolgt durch

- JA-Stimmen und
- NEIN-Stimmen.

Stimmenthaltungen werden, wenn nicht ausdrücklich anders durch Vereinbarung geregelt, bei der Feststellung des Abstimmungsergebnisse nicht berücksichtigt. Sie sind so zu handhaben, wie wenn der Eigentümer, der sich der Stimme enthält, abwesend wäre [140]. Damit kommt es für das Zustandekommen eines Mehrheitsbeschlusses ausschließlich auf das Verhältnis der abgegebenen JA- und NEIN-Stimmen an [141].

Der Beschlussfassung durch einfachen Mehrheitsbeschluss unterliegen als Beschlussgegenstände zunächst

- Änderungen der Verteilung der Betriebs- und Verwaltungskosten gemäß § 16 Abs. 3 WEG [142],
- die Aufhebung von Veräußerungsbeschränkungen gemäß § 12 Abs. 4 WEG,
- Angelegenheiten der ordnungsmäßigen Verwaltung gemäß § 21 Abs. 3 und 5 WEG,
- Zahlungs-, Verzugs- und Kostenregelungen für besonderen Verwaltungsaufwand gemäß § 21 Abs. 7 WEG
- Gebrauchsregelungen gemäß § 15 Abs. 2 WEG,
- die Bestellung und Abberufung des Verwalters sowie dessen Abberufung aus wichtigem Grund gemäß § 26 Abs. 1 WEG,

140 BGH, 8.12.1988, V ZB 3/88, WuM 1989, 458 = ZMR 1989, 266, 344

141 BGH, 8.12.1988, V ZB 3/88, a.a.O.

142 zur Änderung der Verteilung der Aufzugskosten in einer Mehrhausanlage und zur Verteilung der Hausmeister und Hausreinigungskosten vgl. LG Nürnberg-Fürth, Urteil vom 25.3.2009, 14 S 7627/08, NZM 2009, 363; zur Änderung der Verteilung der Kosten für Straßenreinigung, Gartenpflege, Gebäudeversicherung vgl. AG Hannover, Urteil vom 4.4.2008, ZMR 2009, 558

- die Vorlage und Genehmigung des Wirtschaftsplans, der Jahresabrechnung und gegebenenfalls der Rechnungslegung gemäß § 28 Abs. 5 WEG,
- die Entziehung des Wohnungseigentums gemäß § 18 Abs. 3 WEG,
- Bestellung und Abberufung des Verwaltungsbeirates gemäß § 29 Abs. 1 WEG,
- Bestellung eines Ersatzzustellungsvertreters und dessen Vertreter gemäß § 45 Abs. 2 Satz 1 WEG [143].

Zu den Angelegenheiten, die nach den neuen gesetzlichen Bestimmungen mit doppelt qualifizierter Mehrheit beschlossen werden können, gehören die

- Änderung der Verteilung von Instandhaltungs- und Instandsetzungskosten sowie von Kosten von baulichen Veränderungen und Modernisierungsmaßnahmen gemäß § 16 Abs. 4 WEG und
- die Maßnahmen zur Modernisierung des gemeinschaftlichen Eigentums bzw. dessen Anpassung an die technische Entwicklung gemäß § 22 Abs. 2 WEG.

Dies gilt auch für den Fall, dass die hier genannten Angelegenheiten gemäß Gemeinschaftsordnung bzw. Teilungserklärung nur durch einstimmige Beschlussfassung der Wohnungseigentümer geregelt werden können [144].

Auch bei qualifizierten Mehrheitserfordernissen kommt es grundsätzlich auf das Verhältnis der abgegebenen JA-Stimmen im Verhältnis zu den NEIN-Stimmen [145], es sei denn, dass etwas anderes ausdrücklich geregelt ist, wie dies bei den Vorschriften der §§ 16 Abs. 4, 22 Abs. 2 WEG der Fall ist, wo ausdrücklich auf die Mehrheit aller stimmberechtigten Wohnungseigentümer nach Köpfen abgestellt wird.

143 zur Ablehnung der Bestellung durch den gerichtlich bestellten Zustellungsvertreter vgl. LG Nürnberg-Fürth, 6.4.2009, 14 T 2512/09, NZM 2009, 365

144 OLG Hamm, 19.8.2008, 15 Wx 89/08, NZM 2009, 163

145 AG Köln, 10.10.2007, 202 II 122/07, ZMR 2009, 234

12.2 Einstimmiger Beschluss

Für einen einstimmigen Beschluss ist stets die Zustimmung aller im Grundbuch eingetragenen Wohnungseigentümer erforderlich, man spricht insoweit auch von einem allstimmigen Beschluss.

Die Zustimmung aller – zufällig – in einer Wohnungseigentümerversammlung anwesenden Wohnungseigentümer reicht nicht aus, wenn es eben nicht alle im Grundbuch eingetragenen Wohnungseigentümer sind.

Ein einstimmiger (allstimmiger Beschluss) ist erforderlich, wenn es sich handelt um

- Verfügungsmaßnahmen,
- Verwaltungsmaßnahmen und Gebrauchsregelungen, die über die ordnungsmäßige Verwaltung gemäß § 21 Abs. 3 WEG bzw. über den ordnungsmäßigen Gebrauch gemäß § 15 Abs. 2 WEG hinausgehen,
- um bauliche Veränderungen, von denen alle Eigentümer betroffen sind oder wenn
- eine Vereinbarung die Zustimmung aller Wohnungseigentümer vorschreibt.

Im Gegensatz zu einer Vereinbarung, die als vom Gesetz abweichende Regelung stets auch die Zustimmung aller im Grundbuch eingetragenen Wohnungseigentümer erfordert, regelt der einstimmige Beschluss stets nur konkrete Angelegenheiten,

- die nicht die Grundordnung der Gemeinschaft der Wohnungseigentümer berühren [146],
- durch die nicht in schwerwiegender Weise in das Grundverhältnis der Wohnungseigentümer eingegriffen wird [147] und
- durch die nicht in den dinglichen Kernbereich des Wohnungseigentums eingegriffen wird [148].

Werden Beschlüsse einstimmig in Angelegenheiten gefasst, die nicht der Zustimmung aller Eigentümer bedürfen, bedürfen erneute Änderungen ebenfalls nicht der Einstimmigkeit. Es reicht stattdessen ein einfacher Mehrheitsbeschluss bzw. das konkret erforderliche Quorum.

146 OLG Karlsruhe, 28.3.1983, 4 W 95/82, MDR 1983, 672
147 OLG Düsseldorf, 7.3.1994, 3 Wx 502/93, NJW-RR 1994, 1426 = ZMR 1994, 427
148 BGH, 16.9.1994, V ZB 2/93, DWE 1994, 140; V ZB 5/95, DWE 1995, 62 416

Andererseits erwachsen nur mehrheitlich gefasste Beschlüsse in Angelegenheiten, die eigentlich der Zustimmung aller Eigentümer bedurft hätten, in Bestandskraft, wenn sie nicht angefochten und folglich auch nicht durch das Gericht rechtskräftig für ungültig erklärt wurden (§§ 46 Abs. 2, 23 Abs. 4 WEG).

Ob im Übrigen eine mit allen Stimmen der Wohnungseigentümer getroffene Regelung als Eigentümerbeschluss oder als Vereinbarung zu verstehen ist, beurteilt sich nach herrschender Rechtsansicht nicht nach der gewählten Bezeichnung, sondern nach dem Inhalt der getroffenen Regelung.

Sind die Grundlagen des Gemeinschaftsverhältnisses betroffen, ist von einer Vereinbarung auszugehen, auch wenn die – einstimmige – Regelung insoweit als Beschluss bezeichnet ist [149].

12.3 Schriftliche Beschlussfassung

Eine Beschlussfassung kann außerhalb der Wohnungseigentümerversammlung auch auf schriftlichem Wege erfolgen. Eine solche schriftliche Beschlussfassung wird nur dann rechtswirksam, wenn alle Wohnungseigentümer der vorgeschlagenen Beschlussfassung zugestimmt haben [150]. Jeder Wohnungseigentümer hat dabei seine Zustimmung durch eigenhändige Unterschrift zu erklären. Dies kann durch Einzelerklärung, aber auch durch Umlauferklärung geschehen. Eine per Fax abgegebene Zustimmungserklärung reicht nach vorherrschender Meinung jedoch nicht aus [151].

Die Bindungswirkung eines solchen schriftlichen Beschlusses beginnt mit Zugang der Zustimmungserklärung des letzten Wohnungseigentümers beim Verwalter [152].

Ob mit diesem Zeitpunkt auch die Anfechtungsfrist gemäß § 46 Abs. 1 WEG beginnt, ist strittig.

Dabei wird vorherrschend die Auffassung vertreten, dass die Anfechtungsfrist entsprechend der konstitutiven Beschlussfeststelllung erst mit dem Zugang der Mitteilung des Beschlussergebnisses an die Wohnungseigentümer zu laufen beginnt, wobei der Verwalter verpflichtet ist, das Ergebnis durch schriftliche Mitteilung oder durch Aushang in der Wohnungseigentumsanlage den Wohnungseigentümern bekannt zu geben [153].

149 OLG Zweibrücken, 10.2.1997, 3 W 200/96, DWE 1998, 36
150 LG München I, 20.4.2015, 1 S 12462/14, DWE 2015, 131; 18.7.2013, 36 S 20492/12, ZWE 2014, 189
151 vgl. dazu Kap. 1; a.A. AG Hamburg-Barmbek, 16.3.2007, 881 II 34/06, ZMR 2009, 406
152 BayObLG, 27.10.1971, 2 Z 85/70, n.v.
153 vgl. Kümmel, a.a.O., § 23 Rz. 56; a.A. HansOLG Hamburg, 14.5.1971, 2 W 33/71, n.v.

Die Mitteilung an alle Wohnungseigentümer ist jedoch nicht Voraussetzung für das rechtswirksame Zustandekommen des Beschlusses. Allerdings kann die Unkenntnis die Wiedereinsetzung begründen. Die Vorschrift des § 23 Abs. 3 WEG über die schrift-liche Beschlussfassung ist unabdingbar.

Eine teilweise nach der Versammlung eingeholte schriftliche Zustimmung, mit der die in der Versammlung nicht erreichte Mehrheit nachträglich erreicht wird oder erreicht werden soll, reicht nicht aus, um eine wirksame Beschlussfassung herbeizuführen. Maßgeblich ist die Stimmabgabe in der Versammlung, eine außerhalb der Versammlung erklärte Zustimmung führt zu keinem Beschluss [154].

154 BayObLG, 25.5.1998, 2Z BR 38/98, NZM 1999, 282

13. Wirksamkeit und Ungültigerklärung von Beschlüssen – Konstitutive Beschlussfeststellung

Voraussetzung für das rechtswirksame Zustandekommen eines Beschlusses der Wohnungseigentümer ist im Regelfall die Feststellung und Bekanntgabe des Beschlussergebnisses durch den Vorsitzenden bzw. den Leiter der Wohnungseigentümerversammlung im Wege der so genannten konstitutiven Beschlussfeststellung [155].

Strittig ist allerdings, ob der Verwalter einen positiven Beschluss, das heißt die Annahme eines Beschlussantrages, verkünden darf, wenn die für den Beschluss erforderliche einfache oder (doppelt) qualifizierte Mehrheit nicht erreicht wurde. Grundsätzlich wird dazu von der herrschenden Meinung die Auffassung vertreten, dass dem Verwalter die Rechtsmacht zusteht, einen Beschluss als angenommen zu verkünden, auch wenn nach dem Abstimmungsergebnis die erforderliche Mehrheit nicht erreicht wurde [156]. Danach erlangt ein Beschluss auch bei falscher Beschlussverkündung Rechtskraft, steht allerdings unter dem Vorbehalt der Anfechtung.

Dem steht die Auffassung gegenüber, dass der Verwalter bei bewusst fehlerhafter Beschlussverkündung seine Pflichten in gröblicher Weise verletzt und er deshalb die gesamten Kosten des Verfahrens zu tragen hat [157]. Bereits nach altem Recht (§ 47 WEG a.F.) konnten dem Verwalter die Kosten eines Beschlussanfechtungsverfahrens auferlegt werden, wenn er durch unrichtiges, schuldhaftes Verhalten das Verfahren verursacht hatte [158].

Dieser Auffassung trägt die mit der WEG-Reform am 1. Juli 2007 in Kraft getretene Regelung grundsätzlich Rechnung, wonach dem Verwalter gemäß § 49 Abs. 2 WEG die Prozesskosten (in voller Höhe) auferlegt werden, soweit die Tätigkeit des Gerichts durch ihn veranlasst wurde und ihn ein grobes Verschulden trifft, auch wenn er nicht Partei des Rechtsstreits ist.

155 BGH, 23.8.2001, V ZB 10/01, DWE 2001, 105 = ZMR 2001, 809

156 BGH, 19.9.2002, V ZB 30/02, ZMR 2002, 930; OLG Düsseldorf, 6.5.2002, 3 Wx 244/01, ZMR 2002, 614; vgl. auch LG Berlin, 55 T 34/08, m.w.N., ZMR 2009, 393; a.A. Elzer, ZMR 2009, 7, 12; Elzer, ausführlich in ZWE 2007, 165, 171

157 bejahend AG Berlin-Tempelhof-Kreuzberg, 11.1.2008, 72 C 141/07 WEG, ZMR 2008, 997, aufgehoben durch LG Berlin, 17.2.2009, 55 T 34/08, ZMR 2009, 393, zur Kostenentscheidung nach erfolgreicher Anfechtung des AG-Urteils

158 LG Köln, 10.3.2008, 29 T 159/07, NZM 2009, 285

Ist allerdings strittig, ob der Verwalter auf ein erforderliches Quorum hingewiesen hat und wird er von der Abstimmungsmehrheit in der Wohnungseigentümerversammlung zur Verkündung eines Positivbeschlusses gedrängt, lässt sich ein grobes Verschulden, ohne dass Beweis erhoben wurde, nicht feststellen.

Selbst wenn es grundsätzlich eine Pflichtverletzung darstellt, wenn ein Verwalter einen rechtswidrigen Beschluss verkündet, setzt die Anwendung des § 49 Abs. 2 WEG grobe Fahrlässigkeit voraus. Sie liegt vor, wenn der Verwalter die im Verkehr erforderliche Sorgfalt in ungewöhnlich hohem Maße verletzt, wenn er ganz nahe liegende Überlegungen nicht anstellt oder beiseite geschoben hat und dasjenige unbeachtet lässt, was im gegebenen Fall jedem einleuchten muss oder sich jedem aufgedrängt hätte. Den Handelnden muss in subjektiver Hinsicht ein schweres Verschulden im Sinne eines gesteigerten Fehlverhaltens treffen. Dabei muss berücksichtigt werden, in welchem Maße der Verwalter über Erfahrungen mit der Verwaltung von Wohnungseigentumsanlagen verfügt [159].

Mit der konstitutiven Beschlussfeststellung ist der Beschluss ab dem Zeitpunkt seiner Beschlussfassung in der Versammlung wirksam.

Aus dem Fehlen einer Beschlussfeststellung kann jedoch regelmäßig nicht der Schluss gezogen werden, dass ein Beschluss nicht zustande gekommen ist. Im Zweifel wird vielmehr bei einem in der Beschlussniederschrift protokollierten klaren Abstimmungsergebnis von einer konkludenten Beschlussfassung auszugehen sein. Sind daher in der Beschlussniederschrift bzw. in der Beschluss-Sammlung eindeutige Abstimmungsergebnisse festgehalten, ist nach der Rechtsprechung des BGH [160] davon auszugehen, dass aufgrund der „Protokolllage" von einer Beschlussfeststellung und damit von einem wirksamen Beschluss auszugehen ist. Dabei sind die Begriffe „Bekanntgabe" und „Verkündung" als synonyme Begriff anzusehen.

Ein in der Wohnungseigentümerversammlung herbeigeführtes „einstimmiges Einverständnis" stellt allerdings keine Beschlussfassung im Sinne der gesetzlichen Regelung dar [161].

Besteht zwischen Beschlussverkündung in der Versammlung und dem protokollierten Beschlussergebnis in der Niederschrift bzw. in der Beschluss-Sammlung ein Widerspruch, kann der Niederschrift und der Beschluss-Sammlung keine konstitutive Wirkung für die Beschlussfassung beigemessen werden [162].

---

159 LG Berlin, 17.2.2009, 55 T 34/08, m.w.N. ZMR 2009, 393

160 BGH, 23.8.2001, V ZB 10/01, DWE 2001, 105 = ZMR 2001, 809; OLG Hamm, 3.1.2008, 15 W 240/07, ZMR 2009, 58

161 AG Bremen, 7.12.2007, 29 C 29/07

162 OLG Düsseldorf, 30.4.2000, 3 Wx 465/99, NZM 2000, 763

Ein fehlerhaft vom Versammlungsleiter festgestellter Beschluss bedarf der Anfechtung, um die Ungültigkeit herbeizuführen [163].

Sind beispielsweise Stimmenthaltungen als NEIN-Stimmen gewertet, so dass ein Beschluss mangels Mehrheit der JA-Stimmen als nicht zustande gekommen festgestellt wird, bedarf auch dieser Negativbeschluss der Anfechtung wegen falscher Stimmrechtswertung.

Mit der Anfechtung eines insoweit fehlerhaft verkündeten Beschlusses kann der Antrag auf Feststellung des tatsächlichen (positiven) Beschlussergebnisses durch das Gericht gestellt werden [164].

Ist dem Verwalter bewusst oder bekannt, dass der gefasste und zur Verkündung anstehende Beschluss nicht die erforderliche Mehrheit gefunden hat, muss er im Falle der Feststellung als „angenommener Beschluss“ die Wohnungseigentümer auf die Anfechtbarkeit und das damit für die im Verfahren unterlegene Partei verbundene Prozesskostenrisiko hinweisen [165].

13.1 Anfechtung und Ungültigerklärung

Die Klage auf Ungültigerklärung eines Beschlusses der Wohnungseigentümer muss gemäß § 46 Abs. 1 Satz 2 WEG innerhalb eines Monats (nicht innerhalb von vier Wochen) nach Beschlussfassung beim zuständigen Amtsgericht erhoben und innerhalb von zwei Monaten nach der Beschlussfassung begründet werden [166].

Die Beschlussanfechtung richtet sich gemäß § 46 Abs. 1 Satz 1 WEG gegen die übrigen Wohnungseigentümer, nicht gegen die (teilrechtsfähige) Wohnungseigentümergemeinschaft. Ein insoweit falscher Klageantrag ist nach inzwischen vorherrschender Meinung [167] vom Gericht als unzulässig zurückzuweisen und kann im Zweifelsfalle dazu führen, dass dadurch die Anfechtungsfrist „verfristet“ ist.

---

163 vgl. dazu auch OLG Düsseldorf, 6.5.2002, 3 Wx 244/01, DWE 2003, 70, dort zur wirksamen Verwalterbestellung trotz fehlender Stimmenmehrheit wegen ungültiger Stimmabgabe

164 BayObLG, 13.3.2003, 2Z BR 85/02, NZM 2003, 444 = ZMR 2004, 125

165 LG Köln, Urteil vom 10.3.2008, 19 T 159/07, ZMR 2008, 485

166 zum Vortrag der Gründe und und zum Nachschieben von Gründen vgl. BGH, 16.1.2009, V ZR 74/08, NZM 2009, 199

167 so u.a LG Berlin, 14.10.2008, 85 S 21/08, NZM 2009, 442, m.w.N.; AG Schwarzenbek, Urteil vom 11.9.2008, 2 C 1693/07, ZMR 2009, 159, m.w.N.; zur Parteiänderung und deren Zulässigkeit vgl. auch OLG Koblenz, 16.4.2009, 5 W 220/09, NZM 2009, 441

Wegen der nur kurzen Klagefrist ist allerdings im Beschlussanfechtungsverfahren eine großzügige Auslegung des Parteibegriffs geboten. Deshalb reichen, wenn im Rubrum der Klageschrift „die Wohnungseigentümergemeinschaft" als Beklagte genannt wird, geringfügige Anhaltspunkte dafür aus, dass die übrigen Wohnungseigentümer gemeint sein sollen, da ein Wohnungseigentümer keine Klage einreichen wird, die von vornherein als unbegründet abgewiesen werden müsste.

Maßgebend bei der Auslegung der Parteienbezeichnung ist, wie die Bezeichnung bei objektiver Sicht des Gerichts und der Gegenpartei zu verstehen ist. Dabei sind nicht nur die im Rubrum der Klageschrift enthaltenen Angaben, sondern auch der gesamte Inhalt der Klageschrift einschließlich etwaiger beigefügter Anlagen zur berücksichtigen [168].

Der Antrag auf Ungültigerklärung kann mit dem gleichzeitigen Antrag verbunden werden, dass wegen falscher Beschlussfeststellung der gestellte Beschlussantrag als mehrheitlich angenommen (positiv) zu werten ist [169].

Die Anfechtung kann auch auf einen abtrennbaren Teil des Beschlusses beschränkt werden. Insoweit können Beschlüsse, beispielsweise über die Jahresabrechnung, auch teilweise durch das Gericht für ungültig erklärt werden [170].

Maßgebend für den Beginn der Anfechtungsfrist ist das Datum der Beschlussfassung und der konstitutiven Beschlussfeststellung durch Verkündung in der Versammlung und nicht etwa die Aufnahme in die Beschluss-Sammlung oder die Fertigstellung der Niederschrift oder deren Zusendung durch den Verwalter.

Der Antrag auf Ungültigerklärung kann von jedem im Grundbuch eingetragenen Wohnungseigentümer und vom Verwalter gestellt werden.

Dabei ist auch der Wohnungseigentümer anfechtungsberechtigt, der selbst einem Beschluss in der Versammlung zugestimmt hat. Das Anfechtungsrecht ist nicht davon abhängig, dass der anfechtende Wohnungseigentümer persönlich betroffen ist oder sonst Nachteile erleidet. Es genügt das Interesse an einer ordnungsmäßigen Verwaltung [171].

Das Recht zur Beschlussanfechtung findet aber seine Grenzen im Grundsatz von Treu und Glauben gemäß § 242 BGB.

---

168 LG Nürnberg-Fürth, 5.5.2009, 14 T 9452/08, NZM 2009, 520 (mit Hinweis auf BGH, NJW 1983, 2448)
169 BayObLG, 13.3.2003, 2Z BR 85/02, DWE 2003, 53
170 OLG Düsseldorf, 20.4.2007, I-3 Wx 127/06, NZM 2007, 569
171 BGH, 17.7.2003, V ZB 11/03, DWE 2003, 92

Der Antrag auf Anfechtung muss hinreichend bestimmt sein und klar erkennen lassen, welche Beschlüsse im Einzelnen angefochten werden sollen. Wirksam ist daher eine Beschlussanfechtung nur dann, wenn diese Klarstellung innerhalb der Monatsfrist gemäß § 46 Abs. 1 WEG erfolgt [172].

Nach Ablauf der Anfechtungsfrist kann der Antrag nicht mehr „richtig gestellt" oder „berichtigt" werden.

Grundsätzlich steht es der Bestimmtheit eines Anfechtungsantrages aber nicht entgegen, wenn zunächst alle Beschlüsse vorsorglich angefochten werden (Vorratsanfechtung) und erst nach Kenntnisnahme der Beschlussfassung gemäß Beschluss-Sammlung begründet werden.

Einem Antrag auf Ungültigerklärung eines Eigentümerbeschlusses fehlt das Rechtsschutzbedürfnis, wenn der angefochtene Beschluss durch Wiederholungsbeschluss bestätigt worden ist und der wiederholende Beschluss mangels Anfechtung in Bestandskraft erwachsen ist.

Beschlüsse der Wohnungseigentümer gemäß § 23 WEG – ebenso auch gerichtliche Entscheidungen – bedürfen zu ihrer Wirksamkeit gegenüber Sondernachfolgern gemäß § 10 Abs. 4 WEG nicht der Eintragung in das Grundbuch. Sie sind aber – ebenso wie Beschlüsse aufgrund von Öffnungsklauseln – in die Beschluss-Sammlung aufzunehmen.

Grundsätzlich gilt im Übrigen, dass die Anfechtung selbst zunächst die Wirksamkeit der Beschlüsse nicht berührt. Das bedeutet, dass die Anfechtungsklage gegen einen Beschluss der Wohnungseigentümer keine aufschiebende Wirkung hat. Solange die Beschlüsse nicht rechtskräftig für ungültig erklärt worden sind, sind sie gültig [173].

Das bedeutet unter anderem, dass ein Wohnungseigentümer Hausgeldvorauszahlungen aufgrund eines beschlossenen Wirtschaftsplans nicht mit der Begründung verweigern darf, er habe den Beschluss über den Wirtschaftsplan angefochten. Die aus der Beschlussfassung resultierende Zahlungsverpflichtung besteht solange, bis der Beschluss für ungültig erklärt wird.

172 BayObLG, 30.5.1995, 2Z BR 41/95, DWE 1995, 118; OLG Zweibrücken, 5.7.1994, 3 W 85/94, ZMR 1994, 482

173 BGH, 4.4.2014, V ZR 167/13, DWE 2014, 106

13.2 Nichtige Beschlüsse

Beschlüsse der Wohnungseigentümer sind nach § 23 Abs. 4 Satz 1 WEG nichtig,

- wenn sie gegen Vorschriften des Wohnungseigentumsgesetzes verstoßen, auf deren Einhaltung nicht verzichtet werden kann,
- wenn sie gegen andere Vorschriften oder gegen die guten Sitten verstoßen,
- wenn sie in den Kernbereich des Wohnungseigentums eingreifen oder
- die Grenzen der Beschlusskompetenz der Wohnungseigentümergemeinschaft überschreiten [174].

Danach sind grundsätzlich Mehrheitsbeschlüsse nichtig, durch die

- unabdingbare gesetzliche Regelungen,
- nach § 10 Abs. 2 Satz 2 WEG getroffene Vereinbarungen oder einer Vereinbarung gleichstehende Regelungen der Gemeinschaftsordnung bzw. der Teilungserklärung

dauerhaft geändert oder aufgehoben werden.

Bei solchen Beschlüssen handelt sich um gesetzes- oder vereinbarungsändernde Mehrheitsbeschlüsse, die wegen Nichtigkeit nicht der Anfechtung bedürfen [175]. Die Verkündung nichtiger Beschlüsse in der Versammlung entfaltet keine konstitutive Wirkung [176].

Ein Verstoß gegen zwingende gesetzliche Bestimmungen liegt beispielsweise dann vor, wenn

- die Bestellung eines Verwalters auf einen Zeitraum von mehr als fünf Jahren erfolgt [177],
- die Zustimmung zur Veräußerung aus einem anderen als einem wichtigen Grunde versagt wird [178],

174 BGH, 27.3.2009, V ZR 196/08, NZM 2009, 436, m.w.N.
175 BGH, 20.9.2000, V ZB 58/99, DWE 2000, 113 = NZM 2000, 1184 = ZMR 2000, 771
176 BGH, 23.8.2001, V ZB 10/01, DWE 2001, 105
177 BayObLG, 19.6.1980, 2 Z 25/79, Rpfleger1980, 391
178 BayObLG, 31.1.1980, 2 Z 49/79, BayObLGZ 1980, 29

- die Wohnungseigentümerversammlung für eine Beschlussfassung nicht zuständig ist [179],
- in das Sondereigentum einzelner Wohnungseigentümer eingegriffen wird [180],
- gegen die inhaltlichen Bestimmungen der Heizkostenverordnung verstoßen wird [181].

Gegen die guten Sitten wird unter anderem dann verstoßen, wenn

- eine mehrheitlich beschlossene Musizierregelung praktisch einem Musikverbot gleichkommt [182].

Für die Feststellung der Nichtigkeit von Beschlüssen gilt nicht die einmonatige Anfechtungsfrist gemäß § 46 Abs. 1 WEG, vielmehr ist die Berufung auf die Nichtigkeit von Beschlüssen zu jeder Zeit möglich [183].

13.3 Gültigkeit und Ungültigkeit von Beschlüssen

Beschlüsse der Wohnungseigentümer sind grundsätzlich gültig, solange sie nicht nach erfolgter Anfechtung durch rechtskräftiges Urteil für ungültig erklärt werden (§§ 23 abs. 4, 46 Abs. 1 Satz 2 WEG) bzw. nicht ohnehin nichtig sind [184].

Zu unterscheiden sind darüber hinaus aber Beschlussfassungen, die Gültigkeit nicht erlangen, weil es zu keiner Beschlussfassung im Sinne des gestellten Beschlussantrages gekommen ist.

13.3.1 Gültigkeit von Beschlüssen bei Beschlussmängeln oder Fehlerhaftigkeit

Liegen Einladungsmängel oder Mängel in der Beschlussfassung vor, führen nicht bereits diese Mängel als solche zur Ungültigkeit eines Beschlusses, sondern berechtigen zunächst nur zu deren Anfechtung [185].

---

179 BayObLG, 19.9.1982, 2 Z 78/81, DWE 1983, 30 = ZMR 1983, 106; 21.2.1979, 2 Z 35/79, n.v.
180 BayObLG, 28.9.1979, 2 Z 37/78, Rpfleger 1979, 446
181 OLG Zweibrücken, 17.10.1985, 3 W 192/85, ZMR 1986, 63
182 OLG Hamm, 10.11.1980, 15 W 122/80, DWE 1981, 128 = NJW 1981, 465
183 OLG Celle, 10.1960, 4 Wx 24/60, DWW 1961, 29 = ZMR 1961, 196
184 BGH, 4.2014, V ZR 167/13, DWE 2014, 115
185 so u.a. OLG Hamm, 19.4.1995, 15 W 26/95, DWE 1995, 125

So führen Einberufungsmängel wie

- Nichteinladung eines Wohnungseigentümers,
- Nichteinhaltung der Einladungsfrist,
- Nichteinhaltung der Textform,
- unzureichende Angaben in der Tagesordnung,
- Einberufung der Versammlung durch einen Wohnungseigentümer statt durch den Verwalter oder durch einen fehlerhaft bestellten oder aus anderen Gründen nicht mehr im Amt befindlichen Verwalter

nicht zur Ungültigkeit von Beschlüssen in einer insoweit fehlerhaft einberufenen Wohnungseigentümerversammlung. Diese Beschlüsse müssen, um ihre Ungültigkeit zu erwirken, innerhalb Monatsfrist angefochten und durch das Gericht durch rechtskräftiges Urteil für ungültig erklärt werden.

Das gleiche gilt bei

- vereinbarungsersetzenden Mehrheitsbeschlüssen sowie bei
- gesetzes- und vereinbarungswidrigen Mehrheitsbeschlüssen.

Unterbleibt eine Anfechtung, sind auch diese Beschlüsse gültig und binden alle Wohnungseigentümer.

Der Grundsatz, dass formelle Beschlussmängel unbeachtlich sind, wenn sie sich wegen fehlender Kausalität nicht auf die Beschlussfassung ausgewirkt haben, gilt dann nicht, wenn Mitwirkungsrechte einzelner Wohnungseigentümer bewusst umgangen werden.

Zu diesen Rechten zählen das Teilnahmerecht an der Versammlung und das Stimmrecht. Verstöße hiergegen haben die Nichtigkeit der Beschlüsse zur Folge [186].

Die Rechtsprechung differenziert aber auch noch in anderen Punkten hinsichtlich der Gültigkeit bzw. Ungültigkeit von Beschlüssen.

186 OLG Köln, 17.12.2004, 16 Wx 191/04, NZM 2005, 149 = ZMR 2005, 809

13.3.2 Nichtbeschluss

Von einem nicht anfechtbaren „Nichtbeschluss“ spricht man, wenn sich die Wohnungseigentümer vor der Beschlussfassung zu einer Angelegenheit, die an sich der Zustimmung aller Wohnungseigentümer oder einer qualifizierten Mehrheit bedarf, eindeutig darüber im Klaren sind, dass ein Beschluss nicht zustande kommt und der zugrunde liegende Antrag abgelehnt ist, wenn die erforderliche Einstimmigkeit bzw. die qualifizierte Mehrheit nicht erreicht wird.

Gleiches gilt für den Fall, dass der Versammlungsleiter in einer Wohnungseigentümerversammlung die Wohnungseigentümer zu einem bestimmten Punkt informiert, ohne dass es zu einer Abstimmung kommt. Gibt es danach keinen Beschluss, kann er folglich auch nicht angefochten und gerichtlich für ungültig erklärt werden. Auch wenn nach einer Diskussion oder einem Meinungsaustausch über bestimmte Angelegenheiten keine Entscheidung getroffen wird, liegt kein Beschluss vor [187].

13.3.3 Minderheitsbeschluss

Von einem Minderheitsbeschluss ist nach einer Entscheidung des OLG Schleswig dann zu sprechen, wenn zu einer Beschlussfassung die Mehrheit der abgegebenen Stimmen erforderlich ist, diese Mehrheit aber nicht erreicht wird.

Wirksam kann dieser Beschluss werden, wenn er nicht gemäß § 46 Abs. 1 WEG angefochten und durch das Gericht für ungültig erklärt wird.

Ein solcher Fall liegt vor, wenn zu einem bestimmten Antrag über mehrere Alternativen gleichzeitig abgestimmt wird, jedoch die erforderliche Mehrheit von mehr als der Hälfte der abgegebenen Stimmen für keine der Alternativen erreicht wird.

Kommt also bei einer solchen Abstimmung nur ein relativer Mehrheitsbeschluss zustande, handelt es sich um einen Minderheitsbeschluss, der dann als wirksam anzusehen ist, wenn vor der Abstimmung ausdrücklich festgestellt wird, dass auch die relative Mehrheit für das wirksame Zustandekommen einer Beschlussfassung bereits ausreichen soll.

Selbstverständlich unterliegt auch ein solcher Beschluss der Anfechtung mit der Folge der Ungültigerklärung durch das Gericht [188].

187 OLG Frankfurt, 12.11.2008, 20 W 468/07, ZMR 2009, 463

188 OLG Schleswig, 14.5.1986, 2 W 123/85, DWE 1987, 133

13.3.4 Negativbeschluss

Von einem Negativbeschluss wird dann gesprochen, wenn ein Antrag auf Beschlussfassung, auch der von einem einzelnen Wohnungseigentümer gestellte Antrag, mit der Mehrheit der abgegebenen Stimmen abgelehnt wird.

Ein solcher Negativbeschluss ist anfechtbar und kann mit dem Feststellungsantrag verbunden werden, dass ein positiver Beschluss zustande gekommen ist [189]. In diesem Fall wird der Beschluss der Wohnungseigentümer durch das Urteil des Gerichts ersetzt. Das Gericht entscheidet nach billigem Ermessen. Das Urteil wird in diesem Fall erst mit Rechtskraft gültig, nicht schon mit der Beschlussfassung [190].

Diese Möglichkeit der Kombination von Anfechtungsantrag und positivem Feststellungsantrag schützt die Wohnungseigentümer vor unrichtig festgestellten oder unrichtig verkündeten Beschlussergebnissen aufgrund der konstitutiven Beschlussfeststellung des Verwalters in der Wohnungseigentümerversammlung.

Für die Praxis ist davon auszugehen, dass Verwalter grundsätzlich davon Abstand nehmen sollten, bekannt anfechtbare Beschlüsse mit konstitutiver Wirkung als „mehrheitlich angenommen“ zu verkünden. Der Verwalter muss in jedem Fall auf die Anfechtbarkeit hinweisen und auf die Tragung der Verfahrenskosten durch die unterlegene Partei [191].

13.3.5 Wiederholungsbeschluss

Wohnungseigentümern steht grundsätzlich die Befugnis zu, über schon geregelte (= beschlossene) gemeinschaftliche Angelegenheiten erneut zu beschließen [192].

Dabei spielt es keine Rolle, aus welchen Gründen eine Wohnungseigentümergemeinschaft eine neue Beschlussfassung herbeiführen will. Ausschlaggebend ist allein, dass der neue Beschluss eine einwandfreie Regelung im Sinne ordnungsmäßiger Verwaltung beinhaltet.

Daher kann ein zweiter, neuer Beschluss sowohl den zuerst gefassten Beschluss bestätigen („nur“ bestätigender Beschluss), ihn abändern, ebenso aber auch aufheben bzw. außer Kraft setzen (= novatorisch ersetzender oder novierender Beschluss).

---

189 BGH, 23.8.2001, V ZB 10/01, DWE 2001, 105; 19.9.2002, V ZB 30/02, FGPrax 2003, 13

190 LG München I, 12.3.2015,36 S 247461/13, n.v.

191 LG Köln, 10.3.2008, 19 T 1459/07

192 BGH, 20.12.1990, V ZB 8/90, BGHZ 113, 197 = DWE 1991, 70; OLG Frankfurt, 24.2.2006, 20 W 229/03, dort einschränkend bei Vorliegen eines sachlichen Grundes

Allerdings muss ein solcher „Wiederholungsbeschluss“ oder „Zweitbeschluss“ schutzwürdige Belange hinsichtlich Inhalt und Wirkung des Erstbeschlusses berücksichtigen, darf also keinen Eigentümer gegenüber der zunächst beschlossenen Regelung unzumutbar benachteiligen.

13.3.6 Inhaltliche Bestimmtheit der Beschlüsse

Grundsätzlich gilt, dass Beschlüsse hinreichend bestimmt sein müssen, um Rechtswirkung entfalten zu können. Deshalb entsprechen inhaltlich unbestimmte Beschlüsse, die beispielsweise künftige Auseinandersetzungen zwischen den Eigentümern erwarten lassen, nicht den Erfordernissen einer ordnungsmäßigen Verwaltung und sind daher auf Anfechtung hin für ungültig zu erklären [193].

Lassen Beschlüsse im Übrigen den Beschlussgegenstand nicht erkennen bzw. bleibt unklar, wie eine Angelegenheit überhaupt geregelt werden soll, ist von deren Nichtigkeit auszugehen [194].

Die Gerichte sind im Falle der Beschlussanfechtung jedoch auch zur Auslegung der angefochtenen Beschlüsse gemäß §§ 133, 157 BGB befugt.

Da Beschlüsse aber grundsätzlich „aus sich heraus“ – objektiv und normativ – auszulegen sind, weil sie auch für Sondernachfolger gelten sollen [195]. Umstände außerhalb der Beschlussniederschrift dürfen nur herangezogen werden, wenn sie nach den besonderen Verhältnissen des Einzelfalls für jedermann erkennbar sind [196]. Für Umstände, die sich aus dem Protokoll ergeben, ist dies grundsätzlich anzunehmen.

Ergibt allerdings die vom Gericht vorgenommene Auslegung keine Klarheit über den gefassten Beschlussinhalt, ist von der Nichtigkeit des insoweit unbestimmten Beschlusses auszugehen [197].

193 LG Berlin, 5.5.2013, 55 S 52/12, ZWE 2014, 40; BayObLG, 9.8.1984, 2 Z 77/83, DWE 1984, 122, zur unbestimmten Beschlussfassung über die Nachtabsenkung der Heizungstemperatur
194 BayObLG, 24.11.2004, 2Z BR 156/04, ZMR 2005, 639
195 BGH, 10.9.1998, V ZB 11/98, DWE 1998, 177
196 BGH, 8.4.2016, V ZR 104/15, DWE 2016, 109
197 OLG Hamm, 23.9.2004, 15 W 129/04, ZMR 2005, 306

14. Niederschrift

Über die in der Wohnungseigentümerversammlung gefassten Beschlüsse ist gemäß § 24 Abs. 6 WEG eine Niederschrift zu fertigen. Die Wirksamkeit von Beschlüssen hängt jedoch nicht von ihrer Protokollierung ab. Die Niederschrift dient der Beweissicherung, hat aber keine gesetzliche Beweiskraft für die Richtigkeit der erfassten Beschlüsse. Ob und mit welchem Inhalt Beschlüsse zustande gekommen sind, hängt allein vom tatsächlichen Geschehen ab [198].

Bestimmte Formvorschriften sieht das Gesetz hierzu nicht vor, so dass die Wohnungseigentümer selbst entscheiden, ob die Niederschrift als Beschlussprotokoll oder als Ablaufprotokoll gefertigt wird. Ausreichend ist grundsätzlich ein Beschlussprotokoll, das den Wortlaut des gefassten Beschlusses wiedergibt. Der gefasste Beschluss muss allerdings in seinem verkündeten Wortlaut inhaltlich hinreichend bestimmt sein, damit nicht zuletzt auch die nicht anwesenden Wohnungseigentümer die Folgen der Beschlussfassung erkennen können.

Da es bei einzelnen Beschlüssen allerdings sinnvoll sein kann, die vor einer Beschlussfassung diskutierten Alternativen schriftlich festzuhalten, werden vielfach erweiterte Beschlussniederschriften verfasst, die dann auch als Ablaufprotokolle bezeichnet werden. Sie sollten jedoch nicht durch ausschweifende Diskussionsbeiträge einzelner Eigentümer überfrachtet werden. Das schließt allerdings nicht aus, dass im Einzelfall auch ein Anspruch bestehen kann, bestimmte Meinungsäußerungen „zu Protokoll" zu geben. Insoweit sollten in jedem Fall auch Geschäftsordnungsanträge, über die in der Versammlung eine Abstimmung erfolgt, in die Niederschrift aufgenommen werden.

14.1 Inhalt der Niederschrift

Um die spätere Nachprüfbarkeit der Beschlüsse zu gewährleisten, sind grundsätzlich folgende Mindestangaben erforderlich:

- Ort, Tag und (laufende) Nummer der Versammlung bzw. der Niederschrift;
- Name des Versammlungsvorsitzenden;
- Angabe und Feststellung der ordnungsmäßigen Einladung (Datum der Einladung und Angabe der Tagesordnung);
- Teilnehmerliste unter Beifügung der Vollmachten der vertretenen Wohnungseigentümer (Namen, Wohnungszahl, Miteigentumsanteile);

198 Elzer, ZMR 2009, 7/12

- Feststellung der Beschlussfähigkeit nach den Angaben der Teilnehmerliste;
- kurze Inhaltsangaben zu den einzelnen Tagesordnungspunkten,
- zur Abstimmung gestellte Formulierung der Beschlussfassung;
- Ergebnisse der Beschlussfassungen (Angabe der JA- und NEIN-Stimmen sowie der Enthaltungen).

Zu bestimmten Beschlussfassungen, so insbesondere zu baulichen Veränderungen, sollte grundsätzlich aus Gründen der Rechtssicherheit stets eine namentliche Abstimmung erfolgen, um die Rechtsfolgen aus der kostenbefreienden Vorschrift nach § 16 Abs. 6 WEG nachvollziehen zu können.

Dies ergibt sich aus der Rechtsauffassung, dass beispielsweise auch aus der Bestandskraft eines Mehrheitsbeschlusses, der (nur) die Durchführung einer baulichen Veränderung vorsieht, der nicht zustimmende Wohnungseigentümer nicht das Recht verliert, von den durch diese Maßnahmen verursachten Kosten freigestellt zu werden [199].

14.2 Unterzeichnung der Niederschrift

Gemäß § 24 Abs. 6 Satz 2 WEG ist die Niederschrift vom Vorsitzenden der Versammlung und einem Wohnungseigentümer und dem Vorsitzenden des Verwaltungsbeirates, wenn ein solcher bestellt ist, zu unterzeichnen. Der Wohnungseigentümer, der die Niederschrift unterschreiben soll, wird zweckmäßigerweise zu Beginn der Versammlung durch mehrheitliche Beschlussfassung der Wohnungseigentümer namentlich benannt. Die Unterzeichnung durch einen „Wohnungseigentümer“ kann auch von einem Eigentümer geleistet werden, der Mitglied des Beirates ist [200].

Die vom Gesetz vorgeschriebene Unterzeichnung der Niederschrift lässt die Wirkung der gefassten Beschlüsse unberührt. Deren Gültigkeit hängt nicht von der Protokollierung und der Unterzeichnung der Protokolle ab [201]. Fehlt daher eine Unterschrift oder weigert sich möglicherweise der zur Unterzeichnung benannte Wohnungseigentümer oder das betreffende Beiratsmitglied, die Niederschrift zu unterschreiben, sind deshalb die protokollierten Beschlüsse nicht fehlerhaft. Allerdings wird nach vorherrschender Meinung in einem solchen Fall die Beweiskraft geschmälert [202].

199 OLG Hamm, 24.3.1997, 15 W 314/96, DWE 1998, 41
200 OLG Hamm, 8.7.2011, I-15 W 183/11; a.A. OLG Düsseldorf, 22.2.2010, I-2 Wx 263/09
201 BayObLG, 31.1.1980, 2 Z 49/79, BayObLGZ 1980, 29
202 BayObLG, 5.12.1989, 2 Z 121/89, WuM 1990, 173; vgl. zur Beweiskraft auch OLG Stuttgart, 11.4.1991, 8 W 422/90, OLGZ 1991, 428 = ZMR 1991, 273

Ist allerdings durch Vereinbarung gemäß § 10 Abs. 2 Satz 2 WEG eine ergänzende Regelung dahingehend getroffen worden, dass die Niederschrift zur Wirksamkeit der in der Versammlung gefassten Beschlüsse von zwei Wohnungseigentümern oder zwei Mitgliedern des Verwaltungsbeirates zu unterzeichnen ist und fehlt dann eine der Unterschriften, sind die Beschlüsse zwar nicht nichtig, im Falle der Anfechtung aber für ungültig zu erklären [203].

Einer Beurkundung oder Beglaubigung der Niederschrift bzw. der Unterschriften durch einen Notar bedarf es nicht. Eine Ausnahme sieht das Gesetz nur für den Fall vor, dass die Verwaltereigenschaft durch eine öffentlich beglaubigte Urkunde nachgewiesen werden muss, beispielsweise dann, wenn gemäß Teilungserklärung bzw. Gemeinschaftsordnung die Veräußerung des Wohnungseigentums der Zustimmung des Verwalters bedarf. In diesen Fällen genügt gemäß § 26 Abs. 4 WEG die Vorlage einer Niederschrift über den Bestellungsbeschluss, bei der die Unterschriften der in § 24 Abs. 6 WEG bezeichneten Personen (Verwalter, Wohnungseigentümer, Beiratsvorsitzender) öffentlich beglaubigt sind.

14.3 Fertigstellungsfrist und Übersendung

Maßgeblicher Zweck der Niederschrift ist es, den Wohnungseigentümern innerhalb der Anfechtungsfrist die Möglichkeit einzuräumen, sich über den Inhalt der in der Wohnungseigentümerversammlung gefassten Beschlüsse zu informieren, auch hinsichtlich des genauen Beschlusstextes und der sich daraus ergebenden Rechtsfolgen, um nach dieser Prüfung auch zu entscheiden, ob eine Beschlussanfechtung erfolgen soll.

Um diesen Zweck zu erfüllen, ist der Verwalter verpflichtet, die Niederschrift innerhalb angemessener Zeit, spätestens aber eine Woche vor Ablauf der Anfechtungsfrist fertig zu stellen und zur Einsichtnahme bereitzuhalten [204].

Das Einsichtsrecht ist grundsätzlich übertragbar, so dass auch der Mieter eines Wohnungseigentümers von diesem bevollmächtigt werden kann, die Niederschriften einzusehen. Gleiches gilt für den Kaufinteressenten im Falle der Veräußerung. Ohne entsprechenden Vollmachtsnachweis ist der Verwalter jedoch nicht verpflichtet und auch nicht berechtigt, Dritten Einsicht in die Verwaltungsunterlagen zu gewähren.

203 BGH, 30.3.2012, V ZR 178/11, DWE 2012, 110; OLG München, 7.8.2007, 34 Wx 3/05, ZMR 2007, 883

204 vgl. u.a. BayObLG, 5.4.1990, 2 Z 30/90, WuM 1990, 322; allgemein zum Einsichtsrecht und zur Anfertigung von Kopien vgl. OLG Hamm, 12.2.1998, 15 W 319/97 DWE 1998, 132, 9.2.1998, 5 W 124/97 DWE 1988, 134

Erwächst einem Wohnungseigentümer wegen verspäteter Anfertigung und Vorlage der Niederschrift ein Schaden, kann er vom Verwalter Schadensersatz verlangen [205].

Eine Verpflichtung des Verwalters zur Übersendung der Niederschrift an die Wohnungseigentümer besteht von Gesetzes wegen nicht, kann jedoch vertraglich gegen zusätzliche Vergütung vereinbart werden.

Allerdings ist der Verwalter verpflichtet, auf Wunsch auch eines einzelnen Eigentümers diesem, ebenfalls gegen Kostenerstattung, Kopien der Niederschrift auszuhändigen.

Aufgrund der jedem einzelnen Wohnungseigentümer obliegenden eigenen Informationspflicht kann dieser sich nicht auf die fehlende oder unterlassene Übersendung der Niederschrift durch den der Verwalter berufen [206].

Wegen der Möglichkeit der jederzeitigen Einsichtnahme kann er von dieser „ihn wenig belastenden Verpflichtung" auch nicht befreit werden [207].

Allerdings gilt die Verpflichtung des an der Versammlung nicht teilnehmenden Wohnungseigentümers zur selbständigen Information über die gefassten Eigentümerbeschlüsse nur für solche Beschlüsse, deren Gegenstand in der Einladung zur Versammlung ordnungsgemäß nach § 23 Abs. 2 WEG bezeichnet war. Insoweit besteht kein begründeter Anlass, dass sich ein Wohnungseigentümer beim Verwalter vor Ablauf der Anfechtungsfrist über die gefassten Beschlüsse informiert. Unterlässt er eine solche Nachfrage und erfährt deshalb nicht rechtzeitig von einem Beschluss, der unter Missachtung von § 23 Abs. 2 WEG gefasst worden ist, ist ihm dies nicht als Verschulden anzulasten [208].

205 LG Freiburg, 25.11.1966, 4 T 129/65, NJW 1968, 1973 = ZMR 1968, 337

206 LG München, Urteil vom 6.2.2008, 1 T 22613/07, n.v.

207 BayObLG, 23.3.1983, 2 Z 25/82, DWE 1983, 94

208 KG Berlin, 8.1.1997, 24 W 4957/96, DWE 1998, 29

15. Beschluss-Sammlung

Zusätzlich der bereits nach § 24 Abs. 6 WEG anzufertigenden Niederschrift über die in der Versammlung der Wohnungseigentümer gefassten Beschlüsse ist ab 1. Juli 2007 gemäß § 24 Abs. 7 WEG die Führung einer gesonderten Beschluss-Sammlung vorgeschrieben.

Von dieser Vorschrift kann nach vorherrschender Meinung durch Vereinbarung nach § 10 Abs. 2 Satz 2 WEG nicht abgewichen werden.

Dies ergibt sich zwar nicht direkt aus der gesetzlichen Regelung selbst, folgt aber aus § 26 Abs. 1 Satz 4 WEG, wonach die nicht ordnungsmäßige Führung der Beschluss-Sammlung durch den Verwalter regelmäßig ein wichtiger Grund zu dessen Abberufung ist. Da wichtige Gründe zur Abberufung des Verwalters nicht durch Vereinbarung ausgeschlossen werden können, folgt daraus, dass auch die Führung einer Beschluss-Sammlung nicht ausgeschlossen werden kann.

Ein Mehrheitsbeschluss, durch den die Führung einer Beschluss-Sammlung ausgeschlossen wird, ist wegen fehlender Beschlusskompetenz als gesetzesändernder Mehrheitsbeschluss nichtig [209].

Grundsätzlich obliegt es der Entscheidung der Wohnungseigentümer, ob in die Beschluss-Sammlung auch Beschlüsse aufzunehmen sind, die vor dem 1. Juli 2007 gefasst worden sind. Ein diesbezüglicher Beschluss entspricht grundsätzlich ordnungsmäßiger Verwaltung, jedenfalls dann, wenn die nachträgliche Sammlung ohne weiteres möglich ist [210].

15.1 Zweck der Beschluss-Sammlung

Die mit der Änderung des Wohnungseigentumsgesetzes erfolgte Erweiterung der Beschlusskompetenz räumt den Wohnungseigentümern die Möglichkeit ein, in bestimmten Fällen vom Gesetz oder von einer Vereinbarung abweichende Regelungen – anstelle der früher erforderlichen Vereinbarung – durch (nur) mehrheitliche Beschlussfassung zu treffen.

Da Beschlüsse der Wohnungseigentümer, anders als Vereinbarungen im Sinne von § 10 Abs. 2 Satz 2 WEG, gemäß § 10 Abs. 4 WEG nicht der Eintragung in das Grundbuch bedürfen, war es erforderlich, zur Rechtssicherheit eine Form der Dokumentation zu

209 BGH, 20.9.2000, V ZB 58/99, DWE 2000,113 = NZM 2000, 1184 = ZMR 2000,771
210 BT-Drucksache 16/887, S. 33

normieren, die es insbesondere den Kaufinteressenten und Erwerbern von Eigentumswohnungen, aber auch den Wohnungseigentümern selbst und dem Verwalter ermöglicht, sich jederzeit in „übersichtlicher Form Kenntnis von der aktuellen Beschlusslage der Gemeinschaft und den damit zusammenhängenden gerichtlichen Entscheidungen" zu verschaffen.

Eine solche Möglichkeit bietet die Beschlussniederschrift nach § 24 Abs. 6 WEG nicht, da sie nur die Beschlüsse zu einem bestimmten Zeitpunkt wiedergibt, also den „status quo" eines Beschlusses beschreibt, nicht seine mögliche Änderung oder Aufhebung durch gerichtliche Entscheidung oder neue Beschlüsse.

Aus diesem Grunde ist nunmehr gemäß § 24 Abs. 7 Satz 1 WEG geregelt, dass eine Beschluss-Sammlung zu führen ist. Sie ersetzt nicht die gemäß § 24 Abs. 6 WEG zu führende Beschlussniederschrift, sondern ist selbständig neben dieser führen. Wie die Beschlussniederschrift hat jedoch auch die Beschluss-Sammlung keine konstitutive Wirkung, d.h. die Wirksamkeit eines Beschlusses hängt nicht von dessen Aufnahme in die Beschluss-Sammlung ab. Sie hat auch keinen Beweiswert in einem gerichtlichen Verfahren. Als Privaturkunde kann sie jedoch der Beweiserleichterung dienen.

Andererseits werden in das Grundbuch eingetragene Vereinbarungen, so insbesondere abweichende Kostenverteilungsregelungen, durch abweichende in die Beschluss-Sammlung eingetragene Beschlüsse verdrängt. Erwerber können folglich nicht mehr auf den Grundbuchinhalt vertrauen.

15.2 Inhalt der Beschluss-Sammlung

Die Beschluss-Sammlung enthält gemäß § 24 Abs. 7 Satz 2 WEG den Wortlaut

- der in der Versammlung der Wohnungseigentümer verkündeten Beschlüsse mit Angabe von Ort und Datum der Versammlung,
- der schriftlichen Beschlüsse mit Angabe von Ort und Datum der Verkündung und
- der Urteilsformeln der gerichtlichen Entscheidungen in einem Rechtsstreit gemäß § 43 mit Angabe ihres Datums, des Gerichts und der Parteien.

Um die Übersichtlichkeit der Beschluss-Sammlung zu gewährleisten und sie nicht zu überfrachten, stellt die gesetzliche Regelung hinsichtlich des Inhalts bewusst auf den „Wortlaut der verkündeten Beschlüsse" ab. Weitergehende Angaben oder Anlagen wie beispielsweise Abrechnungen, Wirtschaftspläne, Hausordnungen oder Angebotsunterlagen zu Instandhaltungs- oder Instandsetzungsmaßnahmen sowie Anwesenheitslisten oder Stimmrechts- oder Teilnehmervollmachten gehören nicht in die Beschluss-Sammlung.

15.2.1 Versammlungsbeschlüsse

Nach der ab 1. Juli 2007 geltenden gesetzlichen Regelung ist der Wortlaut des verkündeten Beschlusses zu dokumentieren.

Die Erfassung des Wortlautes ist erforderlich, um die erforderliche Information über den Gegenstand bzw. den Inhalt des Beschlusses zu gewährleisten. So widerspricht es regelmäßig ordnungsmäßiger Verwaltung, wenn der Verwalter anstelle des Wortlautes des verkündeten Beschlusses nur die Bezeichnung des Tagesordnungspunktes aufnimmt und im Übrigen auch die Angabe des Versammlungsortes fehlt. In diesem Fall kann dies einen wichtigen Grund darstellen, um den Verwalter gemäß § 26 Abs. 1 Satz 4 WEG mit sofortiger Wirkung abzuberufen [211].

Zu dokumentieren ist nach der gesetzlichen Bestimmung der verkündete Beschluss. Zur Wirksamkeit eines Beschlusses ist es erforderlich, dass der Versammlungsleiter, in der Regel der Verwalter, das Beschlussergebnis feststellt und bekannt gibt, also verkündet.

Das bedeutet, dass die Verkündung im Sinne der gesetzlichen Regelung die Feststellung des Beschlussergebnisses als „Annahme" oder „Ablehnung" bzw. das Verhältnis der JA-Stimmen zu den NEIN-Stimmen, beinhaltet, gegebenenfalls unter Angabe auch der Enthaltungen, wenn diese gemäß Teilungserklärung oder Gemeinschaftsordnung zu werten sind und insoweit das Beschlussergebnis mit bestimmen.

Die Aufnahme des festgestellten Abstimmungsergebnisses (JA-Stimmen, NEIN-Stimmen, Enthaltungen) ist zwar nicht vorgeschrieben, aber dennoch empfehlenswert, um im Falle einer fehlerhaften Verkündung aufgrund fehlerhafter Stimmrechtswertung durch den Verwalter feststellen zu können, ob eine Anfechtung nicht nur möglich, sondern auch erfolgversprechend ist. In jedem Fall obliegt es der Beschlusskompetenz der Wohnungseigentümer, über die zusätzliche Eintragung des Abstimmungsergebnisses zu entscheiden.

In jedem Fall erforderlich ist aber die Angabe zur „Annahme" oder „Ablehnung" eines Beschlusses, soweit sich dies nicht aus dem verkündeten Beschlusswortlaut ergibt.

211 AG München, Urteil vom 28. Juni 2008, 485 C 602/07, Immobilienwirtschaft, 2009, 72

Neben dem „Wortlaut des verkündeten Beschlusses“ sind in die Beschluss-Sammlung aufzunehmen Angaben zum Ort der Versammlung, gegebenenfalls mit der postalischen Anschrift, und das Beschluss-Datum.

Zu den Beschlüssen, die in die Beschluss-Sammlung aufzunehmen sind, zählen nicht nur die vom Versammlungsleiter als „angenommen“ verkündeten (positiven) Beschlüsse, sondern auch die als „abgelehnt“ verkündeten Beschluss-Anträge, die so genannten „Negativ-Beschlüsse“.

Negativ-Beschlüsse sind anfechtbar und können in Verbindung mit entsprechenden Feststellungsanträgen dazu führen, dass der zugrunde liegende Beschluss-Antrag nach erfolgter Anfechtung im Ergebnis als „Urteil“ an die Stelle der ursprünglichen zur Abstimmung gestellten Beschlussfassung tritt und diese „ersetzt“. Dies gilt insbesondere für solche Fälle, in denen durch falsche Stimmrechtswertung ein unrichtiges Beschlussergebnis als Negativbeschluss vom Verwalter verkündet wird.

Zu den in die Beschluss-Sammlung aufzunehmenden Beschlüssen gehören auch die aufgrund einer Öffnungsklausel gefassten Beschlüsse, die entgegen früherer Meinung nach jetzt geltendem Recht gemäß § 10 Abs. 4 Satz 2 WEG nicht der Grundbucheintragung bedürfen.

15.2.2 Schriftliche Beschlüsse

Ebenso wie die Versammlungsbeschlüsse sind auch die schriftlichen Beschlüsse mit ihrem Wortlaut in die Beschluss-Sammlung aufzunehmen. Die Aufnahme braucht allerdings erst dann zu erfolgen, wenn alle Wohnungseigentümer zugestimmt und der Verwalter sie durch Aushang oder durch Rundschreiben bekannt gegeben hat. Diese Bekanntmachung entspricht der „Verkündung“ im Sinne der gesetzlichen Bestimmung.

Es kann allerdings zweifelhaft sein, ob die Verkündung durch Aushang in der Wohnungseigentumsanlage mit den datenschutzrechtlichen Bestimmungen und dem Grundsatz der Nichtöffentlichkeit in Einklang steht.

15.2.3 Urteile in einem Rechtsstreit nach § 43 WEG

Urteile sind mit dem Wortlaut ihrer Urteilsformel, also dem so genannten Tenor in die Beschluss-Sammlung aufzunehmen. Eine Wiedergabe der Entscheidungsgründe ist – auch auszugsweise – nicht erforderlich. Neben der Urteilsformel sind anzugeben das Gericht, das Datum und die Parteien sowie – vom Gesetz zwar nicht vorgeschrieben – das Aktenzeichen des Urteils.

Zu den aufzunehmenden Entscheidungen zählen Entscheidungen zur Hauptsache, zu den Kosten und zur vorläufigen Vollstreckbarkeit. Auch eine Klageabweisung ist aufzunehmen.

15.2.4 Vergleiche

Vergleiche sind ebenfalls in die Beschluss-Sammlung aufzunehmen, obwohl weder außergerichtliche noch gerichtliche Vergleiche als „gerichtliche Entscheidungen" anzusehen sind und auch nur unter den Beteiligten Rechtswirkung entfalten. Dies gilt jedenfalls für solche Vergleiche, die nach Rücknahme von Anfechtungsanträgen die ursprüngliche Beschlusslage verändern, der Beschluss selbst aber nicht aufgehoben oder geändert wurde. Zumindest ist in einer Anmerkung zu dem Ausgangsbeschluss ein abweichender Vergleich einzutragen.

Um jedoch einem Vergleich auch gegenüber einem Sondernachfolger Rechtswirkung zukommen zu lassen, ist ein inhaltsgleicher neuer Beschluss – bei gleichzeitiger Aufhebung des ursprünglichen Beschlusses – erforderlich und in die Beschluss-Sammlung aufzunehmen [212].

15.2.5 Geschäftsordnungsbeschlüsse

Geschäftsordnungsbeschlüsse sind nicht in die Beschluss-Sammlung aufzunehmen, da sie in der Regel mit der Beendigung der Versammlung erledigt sind und auch nicht selbständig angefochten werden können [213].

Eine Ausnahme muss jedoch für solche Beschlüsse gelten, die eine generelle Geschäftsordnungsregelung zum Inhalt haben, also Rechtswirkung über die konkrete Versammlung hinaus entfalten, oder für solche Beschlüsse, die zur Beschneidung von Teilnehmerrechten (Ausschluss vom Stimmrecht oder der Versammlung) und damit zur Anfechtbarkeit anderer Beschlüsse berechtigen.

15.2.6 Nichtige Beschlüsse

Nichtige Beschlüsse sind nach vorherrschender Meinung nicht in die Beschluss-Sammlung aufzunehmen, da ihnen trotz Verkündung in der Wohnungseigentümerversammlung keine konstitutive Wirkung zukommt.

---

212 zustimmend zur Aufnahme von Vergleichen in die Beschluss-Sammlung Merle, ZWE 2007, 272 (277); empfehlend zur Aufnahme von Vergleichen auch Deckert/Kappus, NZM 2007, 745 (750).

213 Deckert, NZM 2005, 927 (928); Deckert/Kappus, NZM 2007, 745 / 748

Da vielfach aber zweifelhaft sein kann, ob ein Beschluss nichtig oder nur anfechtbar ist, hängt es letztlich von der Rechtskenntnis des Verwalters ab, ob er wegen Nichtigkeit einen Beschluss nicht aufnimmt oder in Zweifelsfragen mit Hinweis auf die strittige Beschlusslage den Beschluss aufnimmt.

15.2.7 Mahnverfahren

Mahnbescheide gemäß § 43 Nr. 6 WEG gehören nicht zu den unter § 24 Abs. 7 Nr. 3 WEG genannten gerichtlichen Entscheidungen. Ergeht allerdings aufgrund eines Mahnbescheides ein Vollstreckungsbescheid (§ 699 ZPO) ist dieser, weil einem vorläufig vollstreckbaren Versäumnisurteil gleichstehend, in die Beschluss-Sammlung aufzunehmen [214].

15.3 Fortlaufende Eintragung

Die Beschlüsse und gerichtlichen Entscheidungen sind historisch „fortlaufend“, und zwar „unverzüglich“ einzutragen. Das heißt, dass alle Beschlüsse und gerichtlichen Entscheidungen fortlaufend einzutragen und zu nummerieren sind, wobei die Eintragung unverzüglich – also ohne schuldhaftes Zögern i.S. von § 121 Abs. 1 BGB – das heißt unmittelbar im Anschluss an die Verkündung, also nicht erst mehrere Tage später vorzunehmen ist. Eine Eintragung erst nach Ablauf einer Woche ist nicht mehr unverzüglich [215].

Die fortlaufende Nummerierung in der zeitlichen Reihenfolge der verkündeten Beschlüsse dient dem Nachweis der Vollständigkeit der Beschluss-Sammlung. Eine jährlich neu beginnende oder eine an Sachthemen oder Beschlussinhalten gekoppelte Nummerierung ist nicht zulässig.

---

214 vgl. insoweit auch Deckert/Kappus, NZM 2007, 745/749

215 BGH, 10.2.2012, V ZR 105/11, DWE 2012, 63; LG München, Urteil vom 6.2.2008, 1 T 22613/07, NZM 2008, 410

15.4 Anmerkungen zu den Beschlüssen und gerichtlichen Entscheidungen

Werden Beschlüsse oder gerichtliche Entscheidungen angefochten oder aufgehoben, so ist dies jeweils durch eine Anmerkung zu dokumentieren. Das bedeutet, dass im Falle einer Beschlussanfechtung bei dem jeweiligen Beschluss anzumerken ist, dass er angefochten wurde, wann und durch wen die Anfechtung erfolgte und gegebenenfalls auch das Aktenzeichen (nicht gesetzlich vorgeschrieben) anzugeben ist.

Wird ein Beschluss durch einen neuen Beschluss oder nach Anfechtung durch entsprechendes Urteil bestätigt, geändert oder aufgehoben, ist dies zunächst durch Aufnahme des neuen Beschlusses oder der gerichtlichen Entscheidung mit entsprechender neuer Nummer zu dokumentieren und bei den in gleicher Sache vorangegangenen Beschlüssen oder gerichtlichen Entscheidungen entsprechend mit den erforderlichen Angaben anzumerken [216].

Werden Beschlüsse oder gerichtliche Entscheidungen aufgehoben, kann von einer Anmerkung abgesehen und die Eintragung gelöscht werden, und zwar durch Streichung oder Entfernung des Textes. Eine Löschung kann auch dann erfolgen, wenn ein Beschluss keine Bedeutung mehr hat, beispielsweise durch Zeitablauf überholt ist oder aus einem anderen Grunde keine Bedeutung mehr hat.

Die Löschung betrifft aber nur den Text der Eintragung und ist mit einem Löschungsvermerk mit Datumsangabe und Unterschrift zu versehen. Die laufende Nummerierung der Eintragung darf zwecks Erhaltung des Vollständigkeitsnachweises nicht gelöscht werden.

Da es sich bei der „Löschung“ um eine Kann-Bestimmung handelt, obliegt es der ordnungsmäßigen Verwaltung durch die Wohnungseigentümer, nähere Regelungen zur Löschung oder zur Beibehaltung der Einträge zu beschließen.

216 vgl. hierzu AG Bingen, 12.9.2007, 3 C 399/07, NZM 2009, 167

15.5 Form der Beschluss-Sammlung

Die Beschluss-Sammlung kann in herkömmlicher schriftlicher Papierform oder auch in elektronischer Form geführt werden. Bei einer elektronisch geführten Beschluss-Sammlung muss jedoch gewährleistet sei, dass sie von Wohnungseigentümern oder von Bevollmächtigten eines Wohnungseigentümers ungehindert eingesehen oder diesen entsprechende Ablichtungen von Ausdrucken – gegen entsprechende Kostenerstattung – ausgehändigt werden können.

Die Entscheidung über die Form obliegt den Wohnungseigentümern im Rahmen ordnungsmäßiger Verwaltung, wobei sie auch darüber entscheiden können, ob in die Beschluss-Sammlung auch frühere Beschlüsse aufzunehmen sind und für die Sammlung ein Inhaltsverzeichnis anzulegen ist [217].

Eine besondere Form der elektronischen Führung einer Beschluss-Sammlung bietet eine Online-Konzeption, die es Verwaltern und Wohnungseigentümern ermöglicht, das Internet als Speicher- und Informationsmedium für die Beschluss-Sammlung zu nutzen [218].

15.6 Einsichtnahme in die Beschluss-Sammlung

Gemäß § 24 Abs. 7 Satz 8 WEG ist jedem Wohnungseigentümer oder einem von ihm bevollmächtigten Dritten Einsicht in die Beschluss-Sammlung zu gewähren. Ein Anspruch auf Herausgabe besteht nicht. Jedoch ist der Verwalter verpflichtet, dem Einsicht begehrenden Eigentümer auf dessen Verlangen gegen Kostenerstattung Kopien oder Ausdrucke aus der Beschluss-Sammlung zur Verfügung zu stellen. Entsprechende Vergütungsregelungen können nach neuem Recht gemäß § 21 Abs. 7 WEG mehrheitlich, insoweit auch durch entsprechende Regelungen im Verwaltungsvertrag, getroffen werden.

Bei einer Online-geführten Beschluss-Sammlung kann den Eigentümern der jeweiligen Wohnungseigentumsanlage durch persönlichen Zugangscode jederzeit der direkte Zugriff auf die Beschluss-Sammlung ermöglicht werden.

217 vgl. dazu BT-Drucksache 16/887, S. 33

218 zur Beschluss-Sammlung s. auch Bielefeld, DWE 2007, 45, mit Musterformularen; Schramm, DWE 2007, 76 ff, mit Hinweis auf Online-geführte Beschluss-Sammlung; s. dazu auch www.Beschlussregister.de

15.7 Führung der Beschluss-Sammlung als ordnungsmäßige Verwaltungsaufgabe

Die Führung der Beschluss-Sammlung obliegt dem Verwalter als Aufgabe ordnungsmäßiger Verwaltung. Fehlt ein Verwalter, so ist der Vorsitzende der Wohnungseigentümerversammlung verpflichtet, die Beschluss-Sammlung zu führen, sofern die Wohnungseigentümer keinen anderen für diese Aufgabe bestellt haben.

Um die Bedeutung der Beschluss-Sammlung auch als Maßnahme ordnungsmäßiger Verwaltung durch den Verwalter hervorzuheben, stellt nach der Neuregelung des § 26 Abs. 1 Satz 4 WEG die nicht ordnungsmäßige Führung dieser Sammlung regelmäßig einen Grund dar, um den Verwalter aus wichtigem Grund abzuberufen.

Mit der Bestimmung nach § 26 Abs. 1 Satz 4 WEG hat der Gesetzgeber erstmals eine gesetzliche Regelung zum Vorliegen eines „wichtigen Grundes" getroffen, der die sofortige Abberufung des Verwalters rechtfertigt.

Die Voraussetzungen zur sofortigen Abberufung liegen in der Regel dann vor, wenn die nach § 24 Abs. 7 WEG erforderlichen Angaben fehlerhaft oder unvollständig sind, und die Eintragungen und Vermerke nicht unverzüglich im Sinne der gesetzlichen Bestimmung vorgenommen werden [219]. So ist eine Beschluss-Sammlung beispielsweise dann nicht ordnungsgemäß geführt, wenn anstelle des Wortlautes der Beschlüsse nur die Tagesordnungspunkte angegeben sind und die Angabe des Ortes der Versammlung fehlt [220].

Die Wiedergabe der Beschlussinhalte in der nach § 24 Abs. 6 WEG zu fertigenden Niederschrift über die Beschlüsse in der Versammlung muss identisch sein mit dem Wortlaut der Beschlüsse in der Beschluss-Sammlung. Bei fehlender Identität wird der Beschluss-Sammlung rechtlich der Vorrang einzuräumen sein.

219 LG Hamburg, 13.11.2013, 318 S 23/13, ZWE 2014, 367
220 AG München, Urteil vom 28.7.2008, 485 C 602/07, ZMR 2009, 644

15.8 Vergütung für die Führung der Beschluss-Sammlung

Unabhängig davon, ob das Vertragsverhältnis des Verwalters mit der Wohnungseigentümergemeinschaft bei Inkrafttreten der WEG-Reform bereits bestand oder erst danach zustande gekommen ist, hat der Verwalter keinen Anspruch auf gesonderte Vergütung für die Führung der Beschluss-Sammlung. Die Führung gehört zu den „Kardinalspflichten" des Verwalters, die mit der üblichen bzw. im Verwaltungsvertrag vereinbarten Vergütung abgegolten sind [221].

Ein Beschluss der Wohnungseigentümer, dem Verwalter ungeachtet dessen und mit Blick auf die bei bestehenden Vertragsverhältnissen rückwirkend auferlegte Verpflichtung zur Führung der Beschluss-Sammlung eine zusätzliche Vergütung zu zahlen, ist nicht nichtig, aber anfechtbar.

Eine zusätzliche Vergütung ist auch für den Fall als zulässig anzusehen, dass die Wohnungseigentümer auch die Aufnahme früherer Beschlüsse beschließen, die vor dem 1. Juli 2007 gefasst wurden. Hier wird zumindest dem Verwalter, der vor dem 1. Juli 2007 bestellt wurde, ein Anspruch auf Sondervergütung einzuräumen sein. Hierzu reicht gemäß § 21 Abs. 7 WEG ein Mehrheitsbeschluss, da es sich insoweit um Kosten für einen besonderen Verwaltungsaufwand handelt.

221 vgl. insoweit Drasdo, ZMR 2007, 501, 506, Reichert, ZWE 2007, 388, 392

16. Musterformulare

16.1 Einladungsschreiben des Verwalters

WEG-Verwaltung-GmbH
Anschrift, Telefon und Fax

An die
Wohnungseigentümer der WEG-Anlage
Anschrift, Datum

---

23. Wohnungseigentümerversammlung der WEG-Anlage, *Anschrift*

Sehr geehrte Eigentümerinnen und Eigentümer,

hiermit laden wir Sie als Verwalter ihrer Wohnungseigentumsanlage ein zur
23. Wohnungseigentümerversammlung
Datum, Uhrzeit, Veranstaltungsort mit Anschrift und Telefon

Tagesordnung

1. Genehmigung der Jahresgesamt- und Einzelabrechnungen für das Abrechnungsjahr 2015 (Anlage: Jahresgesamtabrechnung 2015, Jahreseinzelabrechnung 2015 für Ihre Wohnung)
2. Genehmigung des Gesamtwirtschaftsplans 2016 und der Einzelwirtschaftspläne 2016 (Anlage: Gesamtwirtschaftsplan 2016, Einzelwirtschaftsplan 2016 für Ihre Wohnung)
3. Entlastung der Verwaltung und des Verwaltungsbeirates für das Abrechnungsjahr 2015

4a. Komplettsanierung der Gebäudefassaden als Modernisierungsmaßnahme gemäß § 22 Abs. 2 WEG (Alternative Sanierungsvorschläge der Firmen G., H. und F. sind als Anlage beigefügt)

4b. Finanzierung der Maßnahme durch Sonderumlage mit Fälligkeit zum 1. August 2016

5. Änderung der Kostenverteilung für die Maßnahme gemäß TOP 4. wie nachstehend: Kostenverteilung nach Quadratmeter Wohnfläche statt nach Miteigentumsanteilen
6. Neu-/Wiederwahl der Mitglieder des Verwaltungsbeirates (drei Mitglieder)

7. Änderung der Hausordnung:
   Antrag des Verwaltungsbeirates: Einführung eines generellen Leinenzwangs für Hunde und Katzen im Bereich der gemeinschaftlichen Anlagen und Einrichtungen
8. Verschiedenes: Zu diesem Tagesordnungspunkt erfolgen keine Beschlussfassungen

Wir weisen darauf hin, dass die Versammlung nur beschlussfähig ist, wenn die anwesenden und vertretenen stimmberechtigten Wohnungseigentümer mehr als die Hälfte der Miteigentumsanteile vertreten. Für eine Beschlussfassung zu den Tagesordnungspunkten 4a und 5 ist darüber hinaus eine Mehrheit von drei Viertel aller stimmberechtigten Wohnungseigentümer nach Köpfen und mehr als die Hälfte der Miteigentumsanteile erforderlich. Für den Fall, dass Sie verhindert sein sollten, fügen wir zwecks Stimmrechtsvertretung ein Vollmachtsformular bei, das Ihr Vertreter bei der Versammlung vorzulegen hat. Vertretungsberechtigt sind gemäß § 12 der Gemeinschaftsordnung ihrer Wohnungseigentumsanlage nur Ehegatten, Miteigentümer und der Verwalter.

Im Falle der Beschlussunfähigkeit der Versammlung erfolgt keine Beschlussfassung. Dies gilt insbesondere auch für die Tagesordnungspunkte 4 und 5. Für eine im Fall der Beschlussunfähigkeit erforderlich werdende Zweitversammlung wird unter Einhaltung der Ladungsfrist zu einem neuen Termin eingeladen.

Mit freundlichen Grüßen
Hans Mustermann
(Geschäftsführer)

16.2 Stimmrechtsvollmacht

Hiermit erteile ich, Heinrich Meyer, als im Grundbuch eingetragener Eigentümer der Wohnung Nr. 14 in der Wohnungseigentumsanlage, *Anschrift*

alternativ (1)	meiner Ehefrau, Henriette Meyer, *Anschrift*
alternativ (2)	Herrn Fritz Müller, eingetragener Eigentümer der Wohnung Nr. 18 in der Wohnungseigentumsanlage, *Anschrift*
alternativ (3)	Herrn Mustermann, Geschäftsführer der WEG-Verwaltung GmbH

Vollmacht, mich in der Ausübung meines Stimmrechts in der

23. Wohnungseigentümerversammlung der WEG-Anlage,
Anschrift, Datum, Uhrzeit

unter Befreiung von der Beschränkung des § 181 BGB zu vertreten.

Die Vollmacht ist	übertragbar	☐
	nicht übertragbar	☐

Die Vollmacht ist	nicht an Weisungen gebunden	☐
	an Weisungen gebunden	☐

wie folgt:

TOP 1:	Ja
TOP 2:	Ja
TOP 3:	Ja
TOP 4:	Ja
TOP 5:	Ja
TOP 6:	Ja
TOP 7:	Nein

....

Ort, Datum, Unterschrift

16.3 Beschluss-Niederschrift

Wohnungseigentümergemeinschaft, *Anschrift*

Niederschrift

23. Wohnungseigentümerversammlung (ordentliche Versammlung 2014)
am Dienstag, den 23. April 2014, Beginn 18.30 Uhr, Ende 22.15 Uhr
Konferenzsaal Hotel „Seehof", *Anschrift*

Herr Mustermann eröffnet als Geschäftsführer der WEG-Verwaltung GmbH die ordentliche Versammlung der Wohnungseigentümer 2014 der Wohnungseigentümergemeinschaft *Anschrift*, um 18.45 Uhr.

Er stellt fest, dass unter Einhaltung der Mindestfrist gemäß § 24 Abs. 4 WEG mit Schreiben vom 2. April 2014 unter Angabe der Tagesordnung (einschließlich Anlagen) ordnungsgemäß zur ordentlichen Wohnungseigentümerversammlung 2014 eingeladen wurde. Hiergegen wird kein Einspruch erhoben.

Es wird unwidersprochen festgestellt, dass gemäß Teilnehmerliste (als Anlage beigefügt) von insgesamt 19 im Grundbuch eingetragenen Wohnungs-/Teileigentümern 13 Wohnungseigentümer persönlich anwesend und zwei weitere Wohnungseigentümer durch schriftliche Vollmacht (als Anlagen beigefügt) vertreten sind. Die anwesenden und vertretenen Wohnungseigentümer repräsentieren zusammen 810/1.000stel Miteigentumsanteile. Damit ist die Wohnungseigentümerversammlung gemäß § 25 Abs. 3 WEG beschlussfähig ist.

Für das Stimmrecht gilt die gesetzliche Regelung gemäß § 25 Abs. 2 WEG, wonach jeder Wohnungseigentümer eine Stimme hat. Soweit anwesende oder vertretene Eheleute gemeinsam Eigentümer ihrer Wohnung sind, haben auch sie gemeinsam nur eine Stimme. Damit sind 15 stimmberechtigte Wohnungseigentümer anwesend. Für die Annahme oder Ablehnung eines Beschlussantrages ist das Verhältnis der abgegebenen Ja- und Nein-Stimmen maßgeblich, Stimmenthaltungen werden nicht berücksichtigt.

Da gegenteilige Vorschläge zur Versammlungsleitung nicht gemacht werden, übernimmt Herr Mustermann gemäß § 24 Abs. 5 WEG als Verwalter den Vorsitz der Versammlung.

Die Wohnungseigentümer stimmen ohne Gegenstimme der mit dem Einladungsschreiben übersandten nachstehenden Tagesordnung zu, die in der genannten Reihenfolge behandelt wird.

Tagesordnung

1. Genehmigung der Jahresgesamt- und Einzelabrechnungen für das Abrechnungsjahr 2015 (Anlage: Jahresgesamtabrechnung 2015, Jahreseinzelabrechnung 2015 für Ihre Wohnung)
2. Genehmigung des Gesamtwirtschaftsplans 2016 und der Einzelwirtschaftspläne 2015 (Anlage: Gesamtwirtschaftsplan 2016, Einzelwirtschaftsplan 2016 für Ihre Wohnung)
3. Entlastung der Verwaltung und des Verwaltungsbeirates für das Abrechnungsjahr 2015
4. Komplettsanierung der Gebäudefassaden als Modernisierungsmaßnahme gemäß § 22 Abs. 2 WEG (Alternative Sanierungsvorschläge der Firmen G., H. und F. sind als Anlage beigefügt)
5. Änderung der Kostenverteilung für die Maßnahme gemäß TOP 4. gemäß § 16 Abs. 4 WEG wie nachstehend: Kostenverteilung nach Quadratmeter Wohnfläche statt nach Miteigentumsanteilen
6. Neu-/Wiederwahl der Mitglieder des Verwaltungsbeirates (drei Mitglieder)
7. Änderung der Hausordnung: Antrag des Verwaltungsbeirates: Einführung eines generellen Leinenzwanges für Hunde und Katzen im Bereich der gemeinschaftlichen Anlagen und Einrichtungen
8. Verschiedenes: Zu diesem Tagesordnungspunkt sind keine Beschlussfassungen vorgesehen.

Zu TOP 1

Der Verwalter erläutert die Gesamtjahresabrechnung 2015 und die daraus abgeleiteten Einzelabrechnungen 2015. Der Vorsitzende des Verwaltungsbeirates stellt fest, dass die Gesamtabrechnung und die Einzelabrechnungen, letztere insbesondere hinsichtlich der verwendeten Verteilungsschlüssel, sowie die zugehörigen Abrechnungsunterlagen, einschließlich der Rechnungs- und Kontenbelege am 12. März 2015 stichprobenartig geprüft wurden. Beanstandungen hätten sich nicht ergeben. Deshalb empfiehlt der Verwaltungsbeirat die Genehmigung der Gesamt- und Einzelabrechnungen des Jahres 2015.

Abstimmungsergebnis: JA-Stimmen: 13 NEIN-Stimmen: 0 Enthaltungen: 1
Beschlussverkündung durch den Verwalter: „Die Jahresgesamtabrechnung 2015 und die Einzelabrechnungen 2015 werden ohne Gegenstimme genehmigt.“

Zu TOP 2

Der Verwalter erläutert den vorgelegten Gesamtwirtschaftsplan 2016 sowie die daraus abgeleiteten Einzelwirtschaftspläne 2016. Der Vorsitzende des Verwaltungsbeirates empfiehlt aufgrund der am 12. März 2016 durch die Beiratsmitglieder vorgenommenen Prüfung die Genehmigung der Wirtschaftspläne 2016 .

Abstimmungsergebnis: JA-Stimmen: 14 NEIN-Stimmen: 0 Enthaltungen: 0
Beschlussverkündung durch den Verwalter: „Der Gesamtwirtschaftsplan 2016 sowie die Einzelwirtschaftspläne 2016 werden einstimmig genehmigt.“

Zu TOP 3

Der Vorsitzende des Verwaltungsbeirates beantragt die Entlastung des Verwalters, der Verwalter beantragt die Entlastung des Verwaltungsbeirates für den Abrechnungszeitraum 2015.

Abstimmungsergebnis: JA-Stimmen: 11 NEIN-Stimmen: 0 Enthaltungen: 3

Beschlussverkündung durch den Verwalter: „Dem Verwalter und den Mitgliedern des Verwaltungsbeirates wird für den Abrechnungszeitraum 2015 ohne Gegenstimme Entlastung erteilt."

Zu TOP 4

Der Verwalter erläutert die von den Firmen G., H. und F. vorgelegten Sanierungspläne für die Gebäudefassaden. Da es sich nicht um eine mit einfacher Mehrheit zu beschließende modernisierende Instandsetzung, sondern um eine Modernisierungsmaßnahme im Sinne von § 22 Abs. 2 WEG handelt, die aus Gründen der Energieeinsparung erhebliche wirtschaftliche Vorteile bringt, ist für diese Maßnahme eine doppelt qualifizierte Mehrheit (Dreiviertelmehrheit aller stimmberechtigten Eigentümer nach Köpfen und mehr als die Hälfte der Miteigentumsanteile) erforderlich.

Nach eingehender Diskussion spricht sich die Mehrheit der Eigentümer für die Alternative der Firma H. mit Gesamtkosten von 123.000 Euro aus.

Die Finanzierung soll auf Vorschlag des Verwaltungsbeirates durch eine Sonderumlage mit Fälligkeit zum 1. Juli 2016 erfolgen. Die Auftragserteilung durch den Verwalter soll zwei Wochen nach Ablauf der Anfechtungsfrist, spätestens 15. Juni 2016 erfolgen.

Abstimmungsergebnis:	**JA-Stimmen: 15**	**NEIN-Stimmen: 0**	**Enthaltungen: 0**
	MEA: 810/1.000	**MEA: 0**	**MEA: 0**

Beschlussverkündung durch den Verwalter: „Die Wohnungseigentümer beschließen mit der nach § 22 Abs. 2 Satz 1 WEG erforderlichen doppelt qualifizierten Mehrheit, dass der Verwalter der Firma H. gemäß des vorgelegten Sanierungskonzeptes mit Gesamtkosten von 123.000 Euro den Auftrag zur Fassadensanierung nach Ablauf der Frist zur Anfechtung dieses Beschlusses, spätestens am 15. Juni 2016, erteilt. Die Finanzierung erfolgt gemäß Vorschlag des Verwaltungsbeirates durch Erhebung einer Sonderumlage mit Fälligkeit zum 1. Juli 2016."

Zu TOP 5

Auf Vorschlag des Verwaltungsbeirates sollen die Kosten der zu TOP 4. beschlossenen Sanierungsmaßnahme im Sinne einer sachgerechteren Kostenverteilung nicht nach Miteigentumsanteilen, sondern nach dem Verhältnis der Wohnflächen auf die Wohnungseigentümer verteilt werden. Der Verwalter weist darauf hin, dass auch für diesen Beschluss gemäß § 16 Abs. 4 WEG eine doppelt qualifizierte Mehrheit erforderlich ist. Bei Nichterreichen dieser Mehrheit würde es bei der gesetzlichen Kostenverteilung gemäß § 16 Abs. 2 WEG nach Miteigentumsanteilen bleiben.

Abstimmungsergebnis:	**JA-Stimmen: 15**	**NEIN-Stimmen: 0**	**Enthaltungen: 0**
MEA: 810/1.000	**MEA: 0**	**MEA: 0**	

Beschlussverkündung durch den Verwalter: „Die Wohnungseigentümer beschließen mit der nach § 16 Abs. 4 WEG erforderlichen doppelt qualifizierten Mehrheit, dass die Kosten der zu TOP 4. beschlossenen Fassadensanierung abweichend von § 16 Abs. 2 WEG nicht nach Miteigentumsanteilen, sondern nach dem Verhältnis der gemäß Teilungserklärung festgestellten Wohnflächen (Quadratmeterfläche je Wohnung) verteilt werden."

Zu TOP 6

Nach Ablauf des Bestellungszeitraum der bisherigen Mitglieder des Verwaltungsbeirates erklären diese ihre Bereitschaft, für weitere fünf Jahre für dieses Amt zur Verfügung zu stehen. Aus dem Kreis der Versammlungsteilnehmer wird deren Wiederwahl vorgeschlagen. Weitere Vorschläge werden nicht gemacht.

Abstimmungsergebnis: JA-Stimmen: 12 NEIN-Stimmen: 0 Enthaltungen: 3

Beschlussverkündung durch den Verwalter: „Die Wohnungseigentümer bestellen die bisherigen Mitglieder des Verwaltungsbeirates ohne Gegenstimme für weitere fünf Jahre als Beiratsmitglieder gemäß § 29 WEG."

Zu TOP 7

Um mögliche Beeinträchtigungen der Miteigentümer durch die Hunde- und Katzenhaltung in der Wohnanlage zu vermeiden, stellt der Verwaltungsbeirat den Antrag, einen generellen Leinenzwang für Hunde und Katzen einzuführen.

Abstimmungsergebnis: JA-Stimmen: 9 NEIN-Stimmen: 5 Enthaltungen: 1

Beschlussverkündung durch den Verwalter: „Die Wohnungseigentümer beschließen mehrheitlich, die Hausordnung unter Zif. 5 wie folgt zu ergänzen:

„Hunde und Katzen sind im gesamten Bereich der gemeinschaftlichen Anlagen und Einrichtungen (Grundstück, Treppenhaus, Kellerräume) an der Leine (Maximallänge zwei Meter) zu führen."

Zu TOP 8

Auf Vorschlag aus dem Kreis der Versammlungsteilnehmer wird der Verwalter aufgefordert zu prüfen, ob die auf der gemeinschaftlichen Gartenfläche stehenden Bäume einer Baumschutzsatzung unterliegen bzw. welche rechtlichen Hindernisse bestehen, einen Teil der Bäume zwecks Verbesserung der Besonnung und Belichtung der Erdgeschosswohnungen zu fällen.

Der Verwalter sagt eine entsprechende Prüfung der Fragen zu und wird den Beirat und die Wohnungseigentümer rechtzeitig vor der nächsten Wohnungseigentümerversammlung unterrichten, um gegebenenfalls entsprechende Beschlüsse fassen zu können.

Weitere Themen werden unter diesem Tagesordnungspunkt nicht erörtert. Der Verwalter schloss als Versammlungsleiter die Wohnungseigentümerversammlung um 22.25 Uhr.

Ort, Datum,

Unterschrift: Versammlungsvorsitzender, Wohnungseigentümer, Beiratsvorsitzender

16.4 Beschluss-Sammlung: Erläuterungen

Die nachfolgenden Musterformulare für eine Beschluss-Sammlung gemäß § 24 Abs. 7 WEG sind als Vorschlag für die dem Gesetzeszweck entsprechende Führung dieser Sammlung gedacht.
Ausgehend von einem Beschluss einer Wohnungseigentümerversammlung zu einer Änderung der Kostenverteilung zu einem vorangegangenen Beschluss zur Instandsetzung der Fenster (**Beschluss 001**) soll die „dynamische Entwicklung" der Beschlussfolgen die aktuelle Beschlusslage widerspiegeln, die sich ergibt aus der Beschlussanfechtung, der amtsgerichtlichen Entscheidung (**Beschluss 013**), der dagegen eingelegten Berufung und der hier insoweit abschließenden landgerichtlichen Entscheidung (**Beschluss 025**), die eine Revision zum Bundesgerichtshof nicht zulässt.

Zeile 1
Ausweisung der laufenden Nummer der Beschluss-Sammlung

Zeile 2
Bezeichnung der Wohnungseigentümergemeinschaft mit Anschrift

Zeile 3
Feststellung der zu dem betreffenden Beschluss geltenden Stimmrechtserfordernisse, hier die gesetzlich vorgeschriebene Stimmrechtsregelung zu § 16 Abs. 4 WEG (Kopfprinzip und Wertprinzip nach Miteigentumsanteilen).

Zeile 4
Angabe der konkreten Stimmverhältnisse in der betreffenden Gemeinschaft, hier 27 Eigentümer mit insgesamt 1.000/1.000stel Miteigentumsanteilen bei insgesamt 32 Wohnungs-/Teileigentumseinheiten.

Zeilen 5 bis 7
Angabe der Beschlussart (Versammlungsbeschluss, Schrifltlicher Beschluss) mit Datum und Ort der Beschlussfassung bzw. bei gerichtlichen Entscheidungen mit Angabe des Entscheidungsdatums, des Gerichts, der Parteienen, des Aktenzeichens und der Nummer des strittigen Beschlusses. In den vorliegenden drei Musterformularen (001, 013, 025) sind die jeweils zutreffenden Angaben fett gedruckt.

Zeile 8
Wortlaut des verkündeten Beschlusses bzw. der Urteilsformel (jeweils fett gedruckt).

Zeilen 9 bis 12
Feststellung des Abstimmungsergebnisses mit Angaben zu den abgegebenen Stimmen nach der jeweiligen Stimmrechtsregelung.

Zeile 13
Vermerk über die „unverzügliche Eintragung“ mit Datum der Eintragung und der Angabe des Eintragenden.

Zeile 14
Im Falle der Anfechtung Angabe des anfechtenden Eigentümers mit Datum der Anfechtung, der Angabe des Gerichts, des Aktenzeichens und des Datums der Klagezustellung. Der Verwalter hat die Wohnungseigentümer unverzügliche über die Klagezustellung zu unterrichten.

Zeile 15
Angaben zur Aufhebung, Änderung oder Bestätigung (in den einzelnen Musterformularen jeweils fettgedruckt) des ursprünglichen Beschlusses (Zeile 8).

Zeilen 16 bis 18
Art der Aufhebung, Änderung oder Bestätigung des ursprünglichen Beschlusses durch Versammlungsbeschluss, Schriftlichen Beschluss oder durch gerichtliche Entscheidung mit jeweiliger Angabe der Beschluss-Nummern und der Eingabedaten (Datum und Eintragender) in die Beschluss-Sammlung (in den Musterformularen jeweils fett gedruckt).

Zeilen 19 bis 24
Nachweis der gerichtlichen Entscheidungen unter Angabe der Gerichte (Instanz), des Datums der Entscheidung, der zugehörigen Beschluss-Nummer der Entscheidung und des Eintragungsdatums und des Eintragenden.
Bei den Gerichten ist jeweil anzugeben, ob Berufung eingelegt wurde (Zeile 20), die Revision zugelassen wurde (Zeile 22, für diesen Fall Angaben in Zeile 24 zur BGH-Entscheidung) oder ob Zulassungsbeschwerde eingelegt wurde (Zeile 23).

Zeile 25
Gegebenenfalls sind hier Vergleiche einzutragen, soweit diese eintragunsgfähig sind.

Zeile 26
Vermerk, falls ein Beschluss gelöscht wurde, wobei grundsätzlich das Beschlussformular mit der laufenden Beschluss-Nummer erhalten bleiben muss.

Zeile 27
Hier können sonstige Vermerke, beispielsweise Stichworte zu den einzelnen Beschlüssen zwecks Erstellung eines Beschlussverzeichnisses angefügt werden.

(1)	**Beschluss-Sammlung**		**Nr. 001**
(2)	**Wohnungseigentümergemeinschaft**	**Musterstraße 000**	**00000 Musterstadt**
(3)	Stimmrechtsregelung: Kopfprinzip (x)	Wertprinzip (X)	Objektprinzip ( )
(4)	Stimmverhältnisse: Eigentümer: 27	MEA 1000/1000stel	Einheiten 32

---

(5) **Versammlungsbeschluss** **12.02.2013** **40237 Düsseldorf, Musterrestaurant**

(6) Schriftlicher Beschluss ....
(Datum) (Ort)

(7) Gerichtliche Entscheidung ....
(Datum) (Gericht)

....
(Partei)

....
(Aktenzeichen)

Zu Beschluss-Sammlung Nr. ....

Beschlusswortlaut / Urteilsformel

---

8) **Die Wohnungseigentümer beschließen mehrheitlich, dass die Kosten für die unter TOP 3 beschlossene Instandsetzung der Fenster von jedem Eigentümer für die in seinem Sondereigentum stehenden Fenster selber zu tragen sind.**

....

....

(9)	**Angenommen** (X)	**Abgelehnt** ( )	**JA-Stimmen**	**NEIN-Stimmen**	**Enthaltungen**
(10)		Kopfzahl	16	11	keine
(11)		MEA	540/1000stel	460/1000stel	0
(12)		Einheiten	....	....	....
(13)	**Eingetragen am**	15.02.2013	durch H.-P. Walter, WEG-Verwaltung GmbH		

Anmerkungen

---

(14)	**Anfechtung durch**	**K. Meyer**	**17.02.2013**	**AG Düsseldorf** Klagezustellung am	**86 II 112/13** 10.04.2013

---

(15) <u>**Aufhebung /**</u> Änderung / Bestätigung durch Eingetragen am / durch Unterschrift

---

(16)	Versammlungsbeschluss	vom	Beschluss-Nr.	....	
(17)	Schriftlicher Beschluss	vom	Beschluss-Nr.	....	
(18)	**Gerichtliche Entscheidung**				
(19)	**AG Düsseldorf**	**vom 24.04.13**	**Beschluss-Nr. 013**	**10.05.13**	**H.P. Walter**
(20)	**Berufung**	**ja (X)**	nein ( )		
(21)	**LG Düsseldorf**	**vom 22.06.13**	**Beschluss-Nr. 025**	**04.07.13**	**H.P. Walter**
(22)	Revisionszulassung	ja ( )	**nein (X)**		
(23)	Zulassungsbeschwerde	ja ( )	nein ( )		
(24)	BGH	vom	Beschluss-Nr.		
(25)	Vergleich	vom	Beschluss-Nr.		

(26) Gelöscht am .... durch / Unterschrift ....

(27) Sonstige Vermerke ....
....

(1) **Beschluss-Sammlung** **Nr. 013**
(2) **Wohnungseigentümergemeinschaft** **Musterstraße 000** **00000 Musterstadt**

(3) Stimmrechtsregelung: Kopfprinzip (x) Wertprinzip (X) Objektprinzip ( )

(4) Stimmverhältnisse: Eigentümer: 27 MEA 1000/1000stel Einheiten 32

---

(5) Versammlungsbeschluss Datum .... Ort ....

(6) Schriftlicher Beschluss Datum .... Ort ....

(7) **Gerichtliche Entscheidung** **24.04.13** **AG Düsseldorf**

K. Mayer ./. WEG-Musterstraße , 00000 Musterstadt

Aktenzeichen 86 II 112 /13

Zu Beschluss-Sammlung Nr. 001

Beschlusswortlaut / **Urteilsformel**

---

8) Der Beschluss der Wohnungseigentümerversammlung am 12.02.2008 zur Kostenverteilung für die zu TOP 3. beschlossene Fensterinstandsetzung wird wegen Verstoßes gegen § 16 Abs. 4 WEG für ungültig erklärt. Die Kosten des Verfahrens werden den Beklagten auferlegt.

			JA-Stimmen	NEIN-Stimmen	Enthaltungen
(9)	Angenommen ( )	Abgelehnt ( )			
(10)		Kopfzahl	....	....	....
(11)		MEA			
(12)		Einheiten	....	....	....

(13) **Eingetragen am** 10.05.2008 durch H.-P. Walter, WEG-Verwaltung GmbH

Anmerkungen

---

(14) Anfechtung durch ...... (Kläger) .... (am) .... (Gericht) .... (Aktenzeichen)
Klagezustellung am 10.04.2008

---

(15) **Aufhebung** / Änderung / Bestätigung durch Eingetragen am / durch Unterschrift

---

(16) Versammlungsbeschluss vom .... Beschluss-Nr. ....
(17) Schriftlicher Beschluss vom .... Beschluss-Nr. ....
(18) **Gerichtliche Entscheidung**

(19) **AG Düsseldorf** **vom 24.04.08** **Beschluss-Nr. 013** **10.05.08** **H.P. Walter**
(20) **Berufung** **ja (X)** nein ( )

(21) **LG Düsseldorf** **vom 22.06.08** **Beschluss-Nr. 025** **04.07.08** **H.P. Walter**
(22) Revisionszulassung ja ( ) **nein (X)**
(23) Zulassungsbeschwerde ja ( ) nein ( )

(24) BGH vom .... Beschluss-Nr. ....

(25) Vergleich vom .... Beschluss-Nr. ....

(26) Gelöscht am .... durch / Unterschrift ....

27) Sonstige Vermerke
....
....

(1) **Beschluss-Sammlung** **Nr. 025**
(2) **Wohnungseigentümergemeinschaft** **Musterstraße 000** **00000 Musterstadt**

(3) Stimmrechtsregelung: Kopfprinzip (x) Wertprinzip (X) Objektprinzip ( )

(4) Stimmverhältnisse: Eigentümer: 27 MEA 1000/1000stel Einheiten 32

---

(5) Versammlungsbeschluss Datum .... Ort ....

(6) Schriftlicher Beschluss Datum .... Ort ....

(7) **Gerichtliche Entscheidung** **22.06.08** **LG Düsseldorf**

K. Mayer ./. WEG-Musterstraße , 00000 Musterstadt

Aktenzeichen 25 T 219/08

Zu Beschluss-Sammlung Nr. 013

Beschlusswortlaut / **Urteilsformel**

---

8) Die Berufung gegen die Entscheidung des Ag Düsseldorf vom 24.04.2008, Az. 86 II 112/08 wird zurückgewiesen. Die Kosten des Verfahrens werden den Beklagten auferlegt.

(9)	Angenommen ( )	Abgelehnt ( )	JA-Stimmen	NEIN-Stimmen	Enthaltungen
(10)		Kopfzahl	....	....	....
(11)		MEA			
(12)		Einheiten	....	....	....

(13) **Eingetragen am** **04.07.2008** **durch H.-P. Walter, WEG-Verwaltung GmbH**

Anmerkungen

---

(14) Anfechtung durch .... (Kläger) .... (am) .... (Gericht) .... (Aktenzeichen)
Klagezustellung am 10.04.2008

---

(15) **Aufhebung** / Änderung / Bestätigung durch Eingetragen am / durch Unterschrift

---

(16) Versammlungsbeschluss vom .... Beschluss-Nr. ....
(17) Schriftlicher Beschluss vom .... Beschluss-Nr. ....
(18) **Gerichtliche Entscheidung**

(19) **AG Düsseldorf** **vom 24.04.08** **Beschluss-Nr. 013** **10.05.08** **H.P. Walter**
(20) Berufung **ja (X)** nein ( )

(21) **LG Düsseldorf** **vom 22.06.08** **Beschluss-Nr. 025** **04.07.08** **H.P. Walter**
(22) Revisionszulassung ja ( ) **nein (X)**
(23) Zulassungsbeschwerde ja ( ) nein ( )

(24) BGH vom .... Beschluss-Nr. ....

(25) Vergleich vom .... Beschluss-Nr. ....

(26) Gelöscht am .... durch / Unterschrift ....

27) Sonstige Vermerke
....
....

16.5 Geschäftsordnung

Geschäftsordnung der Wohnungseigentümergemeinschaft, *Anschrift*
beschlossen anlässlich der 21. Wohnungseigentümerversammlung am 8. August 2013, Beschluss-Sammlung Nr. 27

1. Teilnahmerecht

Die Wohnungseigentümerversammlung ist grundsätzlich nicht öffentlich. Teilnahmeberechtigt sind daher gemäß Teilungserklärung die Wohnungseigentümer und als deren Vertreter Ehegatten, Miteigentümer und der Verwalter. Die Teilnahme von Nichtwohnungseigentümern als Berater von Wohnungseigentümern bedarf, wenn nicht besondere Gründe vorliegen, der Genehmigung durch mehrheitliche Beschlussfassung der anwesenden Wohnungseigentümer.
Teilnahmeberechtigt sind neben dem Verwalter dessen Angestellte. Dritten Personen, die der Verwalter zur anwaltlichen oder technischen Beratung in der Wohnungseigentümerversammlung hinzuzieht, ist die Teilnahme zu gestatten, sofern die Wohnungseigentümer keinen gegenteiligen Beschluss fassen.
Gehören dem Verwaltungsbeirat Nichtwohnungseigentümer als Mitglieder an, sind auch diese teilnahmeberechtigt.

2. Anwesenheitsliste

Zur Feststellung der Beschlussfähigkeit ist eine Teilnehmerliste zu führen, in die sich die Wohnungseigentümer bzw. deren bevollmächtigte Vertreter mit Namen, Nummer der Wohnung unter Angabe des Miteigentumsanteils einzutragen haben. Verlassen Wohnungseigentümer die Versammlung vor Beendigung, ist dies gegebenenfalls zu vermerken, um Zweifel an der Beschlussfähigkeit zu vermeiden.
Die Führung der Anwesenheitsliste obliegt dem Verwalter bzw. den von ihm beauftragten Mitarbeitern oder einem von der Versammlung gewählten Wohnungseigentümer.

3. Versammlungsvorsitz

Den Versammlungsvorsitz führt der Verwalter. Die Wohnungseigentümer sind jedoch berechtigt, durch mehrheitliche Beschlussfassung die Leitung der gesamten Versammlung einem Wohnungseigentümer, im Ausnahmefall auch einer neutralen dritten Person zu übertragen. Dies gilt auch für die Behandlung und die Leitung der Abstimmung zu einzelnen Tagesordnungspunkten.

4. Versammlungsablauf

Der Versammlungsleiter eröffnet die Versammlung und stellt zu Beginn – gegebenenfalls bei auftretenden Zweifeln auch im weiteren Verlauf – anhand der Teilnehmerliste die Beschlussfähigkeit fest. Er leitet die Aussprache und erforderliche Abstimmungen zu den einzelnen Tagesordnungspunkten.
Ihm obliegt es, gemäß Reihenfolge der Wortmeldungen, erforderlichenfalls unter Führung einer Rednerliste, das Wort zu erteilen und gegebenenfalls zu entziehen.

Er entscheidet über die Beendigung der Aussprache zu den einzelnen Tagesordnungspunkten vorbehaltlich noch vorliegender oder geltend gemachter Wortmeldungen, soweit nicht durch mehrheitlich zu beschließenden Antrag zur Geschäftsordnung eine Verlängerung der Aussprache verlangt wird.
Nach Behandlung aller Tagesordnungspunkte schließt der Versammlungsleiter die Versammlung. Ist ein geordneter Versammlungsablauf wegen anhaltender Störungen unter Missachtung von Redezeitbegrenzungen oder ständiger Zwischenrufe durch mehrere Versammlungsteilnehmer nicht mehr gewährleistet, kann der Versammlungsleiter die Versammlung auch ohne Zustimmung der Eigentümer auflösen und deren Fortführung auf einen späteren Termin vertagen.

5. Behandlung der Tagesordnung

Die Wohnungseigentümer können mehrheitlich beschließen, die Reihenfolge der Tagesordnung zu ändern sowie einzelne Punkte von der Tagesordnung abzusetzen.
Unter dem Tagesordnungspunkt „Verschiedenes" werden grundsätzlich keine Beschlüsse gefasst.
Liegen zu einem gleichen Sachverhalt mehrere Beschlussanträge vor, ist zuerst über den weitestgehenden Antrag, dann über die nach sachlicher oder logischer Reichweite folgenden Anträge abzustimmen.
Anträge einzelner Wohnungseigentümer zur Tagesordnung darf der Verwalter nur ablehnen, wenn das Verlangen missbräuchlich oder querulatorisch ist. Danach zulässige Anträge zur Ergänzung der Tagesordnung sind spätestens eine Woche vor dem Versammlungstermin zu stellen. Der Verwalter hat die Wohnungseigentümer unverzüglich über die Ergänzung der Tagesordnung zu informieren.
Über Anträge zur Geschäftsordnung ist unabhängig von der Tagesordnung durch mehrheitliche Beschlussfassung zu entscheiden.

6. Begrenzung der Redezeit

Die Redezeit der stimmberechtigten Wohnungseigentümer zu den einzelnen Tagesordnungspunkt ist auf jeweils fünf Minuten je Eigentümer beschränkt. Im Einzelfall kann einem Wohnungseigentümer durch Mehrheitsbeschluss eine längere Redezeit eingeräumt werden.

7. Versammlungsausschluss

Nicht berechtigte Personen oder Personen, deren Vertretungsvollmacht zweifelhaft ist, kann der Versammlungsleiter von der Teilnahme ausschließen. Das gleiche gilt für Wohnungseigentümer, die die Versammlung nachhaltig und massiv stören, so bei wiederholten Verstößen gegen die Redezeitbegrenzung.

8. Tonbandaufzeichnungen

Tonbandaufzeichnungen oder sonstige Aufzeichnungen durch Bild- oder Tonträger sind nur mit Zustimmung aller anwesenden stimmberechtigten Eigentümer zulässig.
Eine Ausnahme gilt für die Tonaufzeichnung der Beschlussanträge bzw. der verkündeten Beschlüsse durch den Verwalter.

9. Abstimmungsmodalitäten

Vor der Abstimmung hat der Versammlungsleiter die Beschlussanträge im Wortlaut zu formulieren und auf die jeweils erforderlichen Beschlusserfordernisse hinzuweisen. Die Abstimmung selbst erfolgt in offener Abstimmung durch Handzeichen unter Berücksichtigung der jeweiligen Stimmrechtsregelung. Wird namentliche, schriftliche bzw. geheime Abstimmung beantragt, ist hierüber durch Mehrheitsbeschluss zu entscheiden. Zur Feststellung des Abstimmungsergebnisses werden zuerst die Ja-Stimmen, dann die Nein-Stimmen und aus der Differenz die Stimmenthaltungen ermittelt. In dieser Reihenfolge verkündet der Versammlungsleiter mit dem Abstimmungsergebnis den Wortlaut des Beschlusses und stellt dessen Annahme bzw. Ablehnung fest.
Hat ein Beschlussantrag nicht die erforderliche Mehrheit gefunden, hat der Versammlungsleiter die Ablehnung des Beschlusses festzustellen, sofern die stimmberechtigten Eigentümer nicht mehrheitlich ausdrücklich eine gegenteilige Weisung erteilt haben.

10. Beschlussniederschrift – Beschluss-Sammlung

Über die in der Wohnungseigentümerversammlung gefassten Beschlüsse ist spätestens bis eine Woche vor Ablauf der Anfechtungsfrist eine Niederschrift anzufertigen, die vom Versammlungsleiter, dem Vorsitzenden des Verwaltungsbeirates und einem von der Versammlung bestellten Wohnungseigentümer zu unterschreiben ist.
In der Niederschrift ist neben den Angaben zum Datum, dem Ort und der Tagesordnung der Name des Versammlungsleiters und die Feststellung der Beschlussfähigkeit aufzunehmen.
Ferner muss die Niederschrift den verkündeten Wortlaut der Beschlüsse, die Abstimmungsergebnisses sowie eine kurze Sachschilderung zu den einzelnen Tagesordnungspunkten enthalten. Als Anlage sind der Niederschrift beizufügen die zur Beschlussfassung vorgelegten Jahresabrechnungen und Wirtschaftspläne, sowie alle weiteren für die Beschlussfassung maßgeblichen Unterlagen (Kostenvoranschläge, Auftrags- und Vergabeunterlagen).
In die Beschluss-Sammlung sind neben den gesetzlich vorgeschriebenen Angaben die jeweiligen Abstimmungsergebnisse zu den einzelnen Beschlussanträgen aufzunehmen. Der Verwalter hat von der Beschluss-Sammlung eine auf dem jeweiligen aktuellen Stand befindliche gedruckte Ausfertigung dem Verwaltungsbeirat zur Verfügung zu stellen.

11. Änderungen der Geschäftsordnung

Diese Geschäftsordnung kann jederzeit durch mehrheitliche Beschlussfassung insgesamt oder in einzelnen Bestimmungen dauerhaft oder beschränkt auf eine konkrete Versammlung aufgehoben, geändert oder ergänzt werden.

Abkürzungsverzeichnis

a.A.	anderer Auffassung
a.a.O.	am angeführten Ort
Abs.	Absatz
a.F.	alte Fassung
AG	Amtsgericht
BayObLG	Bayerisches Oberstes Landesgericht
BayObLGZ	Entscheidungen des BayObLG in Zivilsachen
BGB	Bürgerliches Gesetzbuch
BGH	Bundesgerichtshof
BGHZ	Amtliche Sammlung der Entscheidungen des BGH in Zivilsachen
BT-Drucksache	Bundestags-Drucksache
DNotZ	Deutsche Notarzeitung (Zeitschrift)
DWE	Der Wohnungseigentümer (Zeitschrift)
FGPrax	Praxis der Freiwilligen Gerichtsbarkeit (Zeitschrift)
IMR	Immobilien- und Mietrecht (Zeitschrift)
Kap.	Kapitel
KG Berlin	Kammergericht Berlin
LG	Landgericht
MietRB	Der Miet-Rechts-Berater (Zeitschrift)
m.w.N.	mit weiteren Nachweisen
MDR	Monatsschrift für deutsches Recht (Zeitschrift)
NJW	Neue Juristische Wochenschrift (Zeitschrift)
NJW-RR	NJW-Rechtsprechungs-Report (Zeitschrift)
n.v.	nicht veröffentlicht
NZM	Neue Zeitschrift für Miet- und Wohnunsgrecht
OLG	Oberlandesgericht
OLGZ	Entscheidungen der Oberlandesgerichte in Zivilsachen
Rpfleger	Der Deutsche Rechtspfleger (Zeitschrift)
Rn	Randnummer
Rz	Randziffer
s.	siehe
vgl.	vergleiche
WE	Wohnungseigentum (Zeitschrift)
WEG	Wohnungseigentumsgesetz
WuM	Wohnungswirtschaft und Mietrecht (Zeitschrift)
ZMR	Zeitschrift für Miet- und Raumrecht
ZPO	Zivilprozessordnung
ZWE	Zeitschrift für Wohnungseigentum

Literaturnachweis

Bielefeld	Der Wohnungseigentümer – Ratgeber zum Wohnungseigentum, 9. Auflage, 2011
ders.	Die Geschäftsordnung bei Wohnungseigentümergemeinschaften, DWE 2005, 117 ff.
ders.	Musterformular – Beschluss-Sammlungen, DWE 2007, 45 ff.
Deckert	Die Beschluss-Sammlung, NZM 2005, 927 ff.
Deckert/Kappus	Das neue Verwalter(leid)bild, NZM 2007, ff.
Elzer	Aktuelles zur Eigentümerversammlung, ZMR 2009, 7 ff.
Gottschalg	Eigentümerversammlung in (Schul-)Ferienzeiten? NZM 2009, S. 529
Niedenführ/Kümmel/Vandenhouten	WEG, Kommentar und Handbuch zum Wohnungseigentumsrecht, 11. Auflage, 2015
Schuschke	Parteiberichtungung und Parteiänderung in wohnungseigentumsrechtlichen Verfahren, NZM 2009, 417

Stichwortregister

Der Autor

Dipl.-Volkswirt Volker Bielefeld

Volker Bielefeld

Studium der Volkswirtschaft in Hamburg mit Abschluss als Diplom-Volkswirt, Berufseinstieg 1968 bei der GEWOS im Bereich der Stadtsanierung und Stadtentwicklung, 1969 bis 1972 beim RDM-Bundesverband bzw. Landesverband Berlin, u.a. Chefredakteur der Allgemeinen Immobilien-Zeitung (AIZ). Von 1972 bis 2006 beim Zentralverband Haus & Grund Deutschland (seit 2001 in Berlin) als Leiter des Referats Wohnungseigentumsrecht, zuletzt stellvertretender Generalsekretär sowie Chefredakteur der Zeitschrift „Der Wohnungseigentümer". Seit 1976 gleichzeitig Geschäftsführer des Josef-Humar-Institut e.V., Institut für Wohnungseigentum und Wohnungsrecht (Düsseldorf). Autor von zahlreichen Fachpublikationen zum Wohnungseigentum (u.a. „Ratgeber zum Wohnungseigentum", aktuell 9. Auflage), Autor und Mitherausgeber von Fachzeitschriften, Schriftenreihen und Festschriften, Referent und Leiter zahlreicher Seminare und Fortbildungsveranstaltungen zum Wohnungseigentum in wohnungswirtschaftlichen Verbänden und Verwaltungsunternehmen.

Die Herausgeber

Dipl.-Ing. Architekt Univ. Michael Groh

Dipl.-Ing. Architekt Univ.
Michael Groh

Michael Groh, 1958 in München geboren, studierte Architektur an der renommierten TUM (Technischen Universität München) mit Studienaufenthalten in den USA. Bereits kurz nach seinem Diplomstudium stellte er erste Immobilienprojekte auf die Beine. Seine Leidenschaft für die wissenschaftliche Arbeit vertiefte er neben seiner Berufstätigkeit mit zahlreichen Aktivitäten. Michael Groh ist Gründer der GAMAG-Gruppe, einem Firmenkonsortium der Bauwirtschaft, und Vorsitzender des Kuratoriums des WVI Wissenschaftsverein Immobilienwirtschaft e.V.

Dipl.-Jur. Univ. Paul Tihor

Dipl.-Jur. Univ. Paul Tihor

Nach Abitur und Studium der Rechtswissenschaften zum Diplom Juristen an der Ludwig-Maximilians-Universität in München trat Paul Tihor, Jahrgang 1965, bereits früh in die Immobilienwirtschaft ein. Er war langjährig bei einem der größten Baukonzerne Europas und einer deutschen Großbank im Fondsmanagement tätig. Mit zwei nebenberuflichen Studiengängen, welche er an der Verwaltungs- und Wirtschafts-Akademie für den Regierungsbezirk Freiburg zum Immobilienwirt (Diplom VWA) und an der Deutschen Immobilien-Akademie an der Universität Freiburg mit einem Diplom zum Sachverständigen (DIA) für die Bewertung von bebauten und unbebauten Grundstücken, für Mieten und Pachten abschloss, ergänzte er seine Berufsbildung. Paul Tihor ist ehrenamtlicher Vorsitzender des wissenschaftlichen Beirats des WVI Wissenschaftsverein Immobilienwirtschaft e.V.

Wissenschaftsverein Immobilienwirtschaft e.V.

Die Immobilienwirtschaft nimmt einen hohen Stellenwert innerhalb der deutschen Volkswirtschaft ein. Die Anforderungen an Aus- und Fortbildung, wissenschaftlicher Grundlagenarbeit und Publikationen sind in den vergangenen Jahren stark gestiegen. Der WVI will einen Beitrag zur Sicherstellung der notwendigen Kompetenzen leisten und ist als ein wissenschaftlich orientierter Verein der Immobilienwirtschaft gegründet worden. Der Vereinszweck wird einerseits unmittelbar durch wissenschaftliche Publikationen und zum anderen durch Kooperationen mit Hochschulen und Bildungseinrichtungen erfüllt. Alle Mitarbeiter, Gremien und Organe des Vereins sind ausschließlich ehrenamtlich tätig und verfolgen gemeinnützige Zwecke wissenschaftlicher Art.